초등수학, 개념을 그리자 3

도형과 측정 편

초등수학, 개념을 그리자 3

도형과 측정 편

신동영 글 | 김한조 그림

보리

글쓴이 말

수학의 이치를 깨닫고 발견의 기쁨을 맛보고 싶은 학생들에게

"수학이 세상에서 가장 싫어요!"

수학 공부를 하자고 하면 이렇게 원망 섞인 말투로 수학 공부를 피하려는 아이들이 많습니다.

수학은 오랜 시간 동안 축적된 지식의 결정체입니다. 그런데 지식이 쌓여 온 배경이나 원리 그리고 필요성에 대한 이해 없이 짧은 시간 안에 그 결과물만 취하려다 보니 수학 공부가 어렵고 힘들 수밖에 없습니다.

충분히 생각하면서 수학의 이치나 원리를 깨우치면 커다란 성취감과 함께 다음 단계로 자연스럽게 올라갈 수 있게 됩니다. 그렇기 때문에 수학 공부에서 빨리 답을 찾는 것은 중요하지 않습니다. 수학은 천천히 고민하며 다양한 방법으로 탐구하고 실패를 발판 삼아 앞으로 나아가는 학문이지요.

수학의 이치나 원리도 충분히 이해하지 못한 상태에서 문제만 푸는 일은 아주 피곤하고 괴로운 일입니다. 이런 과정

 을 거치다 보면 차츰 수학이 싫어지게 되면서 수학에서 멀어지게 됩니다. 그래서 이 책에서는 수학의 기본 개념을 전하면서 이치나 원리를 같이 생각해 보고자 했습니다.

 책 중간중간에 가능한 한 그림을 많이 넣으려고 애썼습니다. 초등학생들은 발달 단계상 구체적 조작기에 해당합니다. 그래서 수학책에 적힌 대부분의 것들이 아이들에게는 추상적인 기호로 다가갑니다. 반드시 구체물을 보거나 만지면서 공부해야 머릿속에 또렷하게 남아 확실하게 이해할 수 있습니다.

 이 책과 함께하면서 아이들 마음속에 수학은 쉬운 거라는 생각이 들었으면 좋겠습니다. 그래서 수학에 자신감이 생기고 수학 시간이 기다려지며 수학을 공부하면서 기쁨을 느낄 수 있는 아이로 자라나기를 기대해 봅니다.

신동영

차례

글쓴이 말 수학의 이치를 깨닫고 발견의 기쁨을 맛보고 싶은 학생들에게 •4
들어가는 글 수학과 그림 •10

1장 단위

1. 도량형의 탄생 •14
2. 고대 도량형 •16
3. 도량형의 통일 •21
|더 알아보기| 암행어사의 필수품, 자 •24
4. 길이 단위 •26
5. 넓이 단위 •30
6. 부피와 들이 단위 •34
7. 무게 단위 •41

2장 비와 비례

1. 직접 비교와 상대 비교 •46
2. 기준량 •49
3. 비율 •55
|더 알아보기| 비율로 나타내는 야구 기록 •60

3장 비례식과 비례배분

1. 비의 성질 · 64
2. 자연수 비 · 70
3. 비례식 · 72
4. 비례배분 · 77

4장 도형의 기본

1. 점, 선, 면 · 84
2. 각과 각도 · 88
3. 각의 종류 · 91
4. 각도의 덧셈과 뺄셈 · 92

5장 평면도형

1. 삼각형 •96

2. 삼각형의 종류 •98

3. 삼각형 세 각의 합 •102

4. 사각형 •104

5. 사각형의 종류 •105

6. 다각형 •112

7. 원 •115

8. 원주율 •117

|더 알아보기| 수학자의 원주율 연구 •122

6장 평면도형의 넓이

1. 직사각형의 넓이 •128

2. 정사각형의 넓이 •132

3. 삼각형의 넓이 •134

4. 평행사변형의 넓이 •138

5. 사다리꼴의 넓이 •141

6. 마름모의 넓이 •144

7. 원의 넓이 •147

7장 입체도형

1. 직육면체와 정육면체 • 152

2. 각기둥과 각뿔 • 156

3. 원기둥과 원뿔과 구 • 161

4. 직육면체의 겉넓이와 부피 • 166

5. 삼각기둥의 겉넓이와 부피 • 170

6. 원기둥의 겉넓이와 부피 • 174

7. 각뿔의 겉넓이 • 179

8장 확률과 통계

1. 통계 • 184

2. 표와 그래프 • 188

3. 확률 • 190

4. 확률과 통계의 활용 • 193

5. 일상을 담은 빅 데이터 • 196

|더 알아보기| 통계와 확률의 기원 • 198

> 들어가는 글

수학과 그림

　수는 현실 세계에 있는 것들을 추상화한 것입니다. 그래서 수학을 물건이나 그림으로 표현할 수 있지요. 많은 어린이가 수학의 추상성에 어려움을 느낍니다. 수는 간편화된 기호일 뿐 눈에 보이지 않거든요. 이럴 때 수학을 그림으로 표현하면 좋은 점이 여러 가지 있습니다.

　백번 말로 듣는 것보다 한 번 눈으로 보는 것이 훨씬 좋다는 말이 있지요. 이처럼 눈으로 보는 것은 우리가 바깥 세계를 알아차리는 바탕입니다. 수학을 공부할 때도 그림으로 익히면 구체 상황이 보이기 때문에 이해하기가 더 쉽습니다. 그림이 문제 해결 방법을 눈으로 찾아낼 수 있도록 도와주기도 하지요. 또한 그림을 보고 이해한 것은 사진 찍히듯 머릿속에 저장되어 오랫동안 기억에 남습니다.

　앞으로 수학 문제를 보면 다음과 같이 그림을 떠올려 보기 바랍니다.

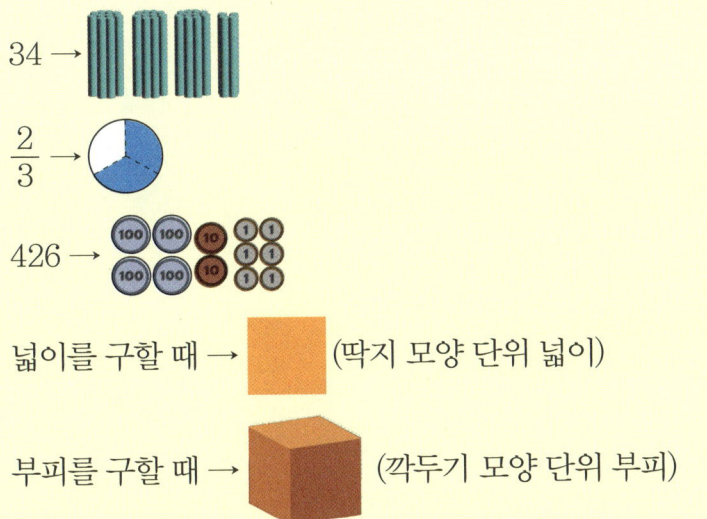

이처럼 수학을 그림으로 나타내면, 딱딱하게만 여겨졌던 수학 문제가 머릿속에 현실 속 물건들로 떠오릅니다. 그러면서 문제 해결 방법까지 보다 쉽게 알아낼 수 있을 것입니다.

1장
단위

길이, 부피, 무게 같은 단위를 재는 법을 '도량형'이라고 해요.
도량형은 어떻게 만들어졌을까요?
도량형의 유래를 살펴보고 여러 가지 단위를 만나 볼까요?

1 도량형의 탄생

수학 2-1 4. 길이 재기

길이, 부피, 무게 따위를 재는 단위는 언제부터 생겨났을까요? 아마도 사람들이 모여 살기 시작하면서부터 단위가 필요했을 거예요. 집을 짓거나 농사지을 땅을 측량하고 거두어들인 곡식의 양을 잴 때, 또 시장에 나가 물건을 교환하거나 나

라에 세금을 낼 때도 약속된 단위가 필요했을 것입니다.

처음 길이를 잴 때는 몸의 일부를 자로 이용했습니다. 어떻게 알 수 있냐고요? 수천 년 동안 쓰여 온 측정 단위에 그 흔적이 고스란히 남아 있거든요. 자(尺, 척)란 손바닥을 쫙 편 '뼘'에서 생겨난 말이고, 서양 길이 단위인 '피트(feet)'는 '발'이라는 뜻이 있어요. 이집트 '큐빗'은 팔꿈치에서 손끝까지 길이를 뜻하지요. 그밖에도 많은 단위 이름을 보면 우리 몸의 일부를 자로 이용했다는 걸 알 수 있지요.

길이를 재는 데 손이나 발만큼 편리한 도구도 없었을 거예요. 따로 챙겨서 다닐 필요도 없을 뿐 아니라 크기도 서로 비슷해 의사소통하기도 편했을 테니까요. 물론 사람마다 손이나 발의 길이가 조금씩 다르기는 합니다. 하지만 원시시대에는 현대처럼 정밀하게 측정하지 않아도 되었기 때문에 손과 발만으로도 충분했을 겁니다.

② 고대 도량형

수학 2-1 4. 길이 재기

서양에서 발달한 길이 단위

메소포타미아, 이집트 같은 고대 문명 발상지에서 쓰이기 시작한 길이 단위들이 그리스, 로마를 거쳐 영국, 미국으로 전해져 오늘날까지 쓰이고 있습니다.

이집트

나일강 범람으로 일찍부터 정확한 토지 측량이 필요했던 이집트에서는 수천 년 전부터 여러 가지 길이 단위들을 만들어 썼습니다.

디지트 손가락 한 개 폭

팜 손바닥 폭

스팬 한 뼘

큐빗 팔꿈치에서 가운뎃손가락 끝까지의 길이

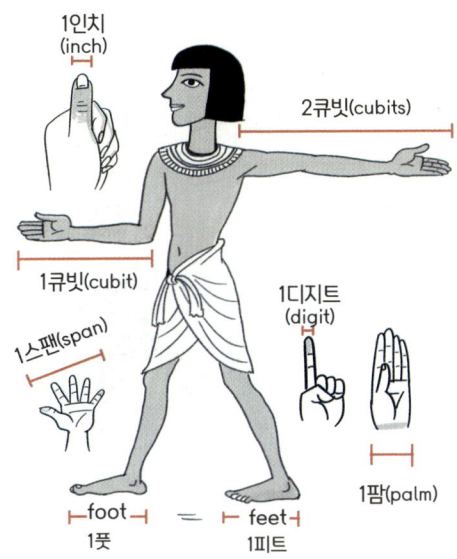

그리스, 로마

그리스, 로마에도 몸 일부의 크기를 이용한 단위를 쓰는 전통이 이어졌습니다.

인치 엄지손가락 폭

피트 발 길이

페이스 한 걸음

로마 마일 천 걸음

1000걸음=1마일(mile)=1.6km

천 리 길도 한 걸음부터

1걸음(pace)

영국, 미국

그리스, 로마의 도량형 단위를 받아들인 영국과 미국에서는 오늘날까지도 인치, 피트, 야드, 마일 같은 단위가 널리 쓰이고 있습니다.

인치 엄지손가락 폭

피트 발 길이

야드 헨리 1세 팔 길이

마일 천 걸음이 1마일

우리나라 도량형

우리나라에서도 시대에 따라 우리 고유의 도량형 단위를 만들어 썼고 중국에서 들여온 단위를 빌려 쓰기도 했습니다.

길이

치 기장 알갱이 열 개 길이, 손가락 한 마디 길이

자 한 뼘

발 두 팔을 벌린 길이

길 어른 키

넓이
평 한 사람이 팔다리 펴고 누울 수 있는 넓이

마지기 볍씨 한 말을 뿌려 가꿀 수 있는 논의 넓이

부피(들이)
홉 곡식 한 줌, 목마른 사람이 단숨에 들이켜는 물의 양

되 곡식을 두 손 가득 담은 양

말 한 되의 열 배

섬 한 말의 열 배

무게
돈 엽전 한 개의 무게

냥 한 돈의 열 배

근 종이 오백 장의 무게

③ 도량형의 통일

수학 2-1 4. 길이 재기

미터법의 세계 보급

오늘날 대부분 나라에서는 길이 단위로 미터(m)를 씁니다. '미터법'이지요. 미터법이 널리 쓰이기 전에는 나라마다 서로 다른 도량형 단위를 썼습니다. 그래서 나라끼리 교류를 할 때 매우 불편했습니다.

1628년 스웨덴 바사호가 첫 항해에 나섰습니다. 하지만 얼마 안 가 갑자기 바다에 침몰해 버렸지요. 침몰 원인을 조사해 보니 배의 두께가 고르지 않았던 것으로 밝혀졌습니다. 배를 만들면서 한쪽 기술자들은 스웨덴에서 만든 자를 썼고, 다른 쪽 기술자들은 좀 더 작은 네덜란드 자를 썼던 것입니다.

지금은 전 세계가 미터법을 사용하고 있으니 이런 문제가 없습니다. 이렇게 우리가 미터법을 쓰는 데 큰 역할을 한 나라는 프랑스입니다.

프랑스에서는 프랑스 혁명 전 길이, 부피, 무게 단위가 25만 개 정도나 되었다고 해요. 그래서 물건을 사고 파는 거래가 매우 복잡했고, 세금을 걷는 데도 큰 불편을 겪었습니다. 프랑스 정부는 온 나라에서 고르게 쓸 수 있으면서도 오래도록 바뀌지 않는 새 도량형이 필요했습니다.

이렇게 해서 지구의 북극에서 적도까지 세로 둘레(자오선)를 측정하고, 그 길이의 천만 분의 일 값인 '1m'가 탄생했습니다. 이것이 '미터법'의 시작입니다.

미터법은 금세 퍼져 나갔습니다. 오늘날 우리가 쓰고 있는 길이, 넓이, 부피, 무게 단위는 모두 1미터를 바탕으로 만들어졌습니다. 이렇게 전 세계 도량형이 통일되자 교류가 활발해지고 무역도 발전했습니다.

새로운 미터법의 기준

 오늘날 1미터는 북극 적도 자오선 길이의 천만 분의 일이 아닙니다. 자오선의 길이를 바탕으로 만든 금속 표준자는 시간이 지나면 미세한 변화가 생긴다고 해요. 현대 과학에서는 한 치도 틀려서는 안 되기 때문에 이 표준자를 기준으로 삼기 어려워지게 되었지요.

 이에 과학자들은 우주에서 영원히 변하지 않는 또 다른 자를 찾게 되었어요. 그래서 새로운 자가 탄생하게 되었습니다.

1m = 빛이 진공에서 '2억 9979만 2458분의 1초' 동안 진행한 거리

 '빛이 진공에서 2억 9979만 2458분의 1초 동안 진행한 거리'를 새로운 1미터의 기준으로 삼게 되었어요. 도량형 체계가 변한 것은 아닙니다. 단지 1미터를 더욱 정밀하게 정의했을 뿐이지요.

더 알아보기

암행어사의 필수품, 자

　옛날에는 교통 통신이 발달하지 못해 사는 곳에서 크게 벗어나지 않고 자급자족하며 살았습니다. 따라서 길이나 무게를 재던 '자'나 '저울'도 곳에 따라 조금씩 달랐지요. 측정 단위가 서로 다르면 어떤 문제가 생길까요? 저마다 다른 '자'를 쓰면 물건을 사고팔 때마다 다툼이 생기게 됩니다. 나라에서 세금을 걷을 때도 혼란스러워지지요. 실제로 탐관오리들이 잘못된 저울로 세금을 걷어 백성들을 괴롭히기도 했지요.

　그래서 조선 시대에는 왕의 명을 받아 각 고을을 돌며 지방 관리들의 부정부패를 엄하게 감찰했던 암행어사가 있었습니다. 이들은 신분증인 마패와 아울러 '유척(鍮尺)'이라는 물건을 반드시 지니고 다녔어요.

　유척은 놋쇠로 만든 약 25cm 크기의 사각기둥 모양으로 네 면에 각각 다른 단위가 새겨진 '표준자'입니다. 이 유척이 모든 지방 관청 도량형의 기준이었습니다.

　암행어사들은 고을 수령들이 세금을 걷을 때 자를 속여 백성을 괴롭히는지, 또는 관아에서 형벌을 내리는 데 쓰는 기

구가 규격에 맞는지 유척으로 검증했습니다.

 암행어사는 유척 하나만으로 지방 관리들의 부정부패를 막을 수 있었을 뿐만 아니라, 악기, 형벌 도구의 규격도 정확히 측정할 수 있었죠.

 암행어사의 필수품이었던 유척에서 단위나 숫자로는 미처 헤아릴 수 없는 우리 조상의 깊은 지혜를 엿볼 수 있습니다.

④ 길이 단위

수학 3-1 5. 길이와 시간

현대 도량형은 1미터(m)를 기준으로 모든 길이 단위가 만들어졌지요. 1미터(m)를 100등분 해서 센티미터(cm)를 만들고, 센티미터(cm)를 10등분 해서 밀리미터(mm)를 만들었습니다. 1킬로미터(km)는 1미터를 1000배 해서 만들었지요.

$$1cm = 1m \div 100$$
$$1mm = 1cm \div 10 = 1m \div 1000$$
$$1km = 1m \times 1000$$

　　　　　　1m: 북극에서 적도까지 세로 둘레 천만 분의 일

　　　1cm: 1m를 100등분 한 하나의 길이

　　　1mm: 1cm를 10등분 한 하나의 길이

* 1m는 실제로는 위 길이보다 7배쯤 깁니다. 종이가 좁아 줄여 그렸습니다.
  1km도 그림을 생략합니다.

1m

　북극에서 적도까지 세로 둘레의 천만 분의 일에 해당하는 길이입니다. 미터의 길이를 어림해 봅시다.

　　네 살 어린이의 키 약 1m

　　어른 농구 선수 키 약 2m

　　학교 교문 높이 약 2m

　　건물 한 층 높이 약 3m

　　교실 앞에서 뒤까지 거리 약 8m

1cm

하나의 단위만 있으면 혼란 없이 쓸 수 있어 좋은데 왜 더 작은 단위가 만들어지게 되었을까요? 1미터 자로는 작은 크기 물건을 잴 수 없기 때문입니다. 그래서 1미터를 100등분 해 또 다른 길이 단위를 만들었습니다. 바로 1센티미터입니다.

센티미터의 길이를 어림해 봅시다.

어른 새끼손톱 폭 약 1cm

어른 엄지손가락 폭 약 2cm

탁구공 지름 4cm

새 연필 길이 약 18cm

어른 손 한 뼘 약 20cm

1mm

아주 작은 물건의 길이는 센티미터 단위로도 잴 수가 없습니다. 그래서 1센티미터를 10등분 해서 또 다른 단위인 밀리미터를 만들었습니다.

밀리미터의 길이를 어림해 봅시다.

샤프심 굵기 1mm보다 작음(0.3~0.7mm)

연필심 약 2mm

플라스틱 자 두께 약 2mm

흰색 볼펜 굵기 약 8mm

1km

서울에서 부산까지의 거리를 1미터 자로 잰다고 생각해 보세요. 힘도 들고 시간도 많이 걸리겠지요? 그래서 아주 큰 단위가 필요해졌습니다. 그래서 1미터를 1000배 해서 킬로미터 단위를 만들었습니다.

킬로미터의 길이를 어림해 봅시다.

김포공항 활주로 약 3.8km

마라톤 코스 길이 약 42km

서울에서 부산까지 거리 약 420km

5) 넓이 단위

수학 5-1 6. 다각형의 둘레와 넓이

물건의 길이를 재는 데에는 자가 필요합니다. 그렇다면 공책, 식탁, 교실, 학교 운동장의 넓이를 재려면 어떤 측정 도구가 필요할까요? 길쭉한 나무 모양이 좋을까요? 아니면 넓은 딱지 모양이 좋을까요?

옛날 사람들은 땅의 넓이를 정확하게 재기 위해 정사각형 모양의 측정 도구를 생각해 냈습니다. 우리는 이 측정 도구를 '단위 넓이'라고 부릅니다. 넓이를 재는 '자'인 셈이지요.

한 변이 1m인 정사각형의 넓이를 $1m^2$(제곱미터)로 약속했어요. 측정하려는 땅에 $1m^2$인 정사각형이 몇 개나 들어가는지를 헤아려 땅의 크기를 알아냈습니다.

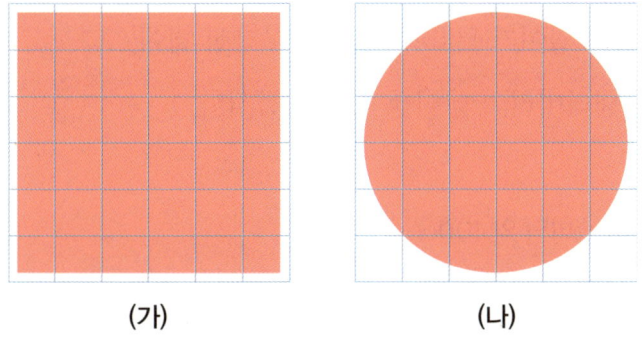

(가)　　　　　　(나)

'단위 넓이'에는 cm^2(제곱센티미터), m^2(제곱미터), km^2(제곱킬로미터) 등이 있습니다.

한 종류의 단위 넓이로는 작은 물건이나 큰 물건의 넓이를 재는 데 불편합니다. 그래서 여러 단위가 있지요.

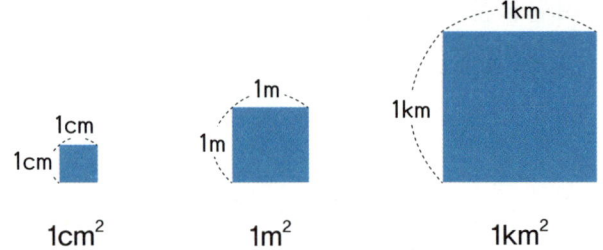

* m^2, km^2는 이 그림보다 훨씬 더 큽니다. 종이가 좁아 개념만 표현했습니다.

$1cm^2$

한 변의 길이가 1센티미터인 정사각형 넓이.
제곱센티미터의 넓이를 어림해 봅시다.

어린이 손바닥 약 $100cm^2$

색종이 약 $220cm^2$

공책 약 $500cm^2$

A4용지 약 $600cm^2$

$1m^2$

한 변의 길이가 1미터인 정사각형 넓이.
제곱미터의 넓이를 어림해 봅시다.

식탁 약 $1m^2$

교실 약 $56m^2$

학교 운동장 약 $5,000m^2$

$1km^2$

한 변의 길이가 1킬로미터인 정사각형의 넓이. 제곱킬로미터의 넓이를 어림해 봅시다.

서울시 약 $600km^2$

충청남도 약 $8,000km^2$

대한민국 약 $100,000km^2$

한반도 약 $220,000km^2$

6 부피와 들이 단위

수학 3-2 5. 들이와 무게 · 수학 6-1 6. 직육면체의 부피와 겉넓이

부피 단위

가게에 가면 요구르트, 주스, 우유, 사이다 등 많은 음료수 병이 자리를 차지하고 있습니다. 작은 병은 좁은 자리를 차

지하고 큰 병은 넓은 자리를 차지하고 있지요. 부피란 진열장에 놓인 음료수처럼 입체로 된 물건이 차지하고 있는 공간의 크기입니다.

그러면 물건이 차지하고 있는 공간의 크기를 재려면 어떻게 하는 것이 좋을까요? 무엇으로 잴까요?

길이를 재는 데에는 길쭉한 막대 모양의 자(cm, m)가 필요했고 넓이를 재는 데에는 딱지 모양의 단위 넓이(cm^2, m^2)가 필요했습니다. 그렇다면 공간을 차지하고 있는 부피를 재기 위해서는 어떤 모양의 도구가 좋을까요? 막대 모양? 딱지 모양? 아니면 깍두기 모양? 여러분이라면 어떤 모양의 측정 도구를 쓸 건가요?

사람들은 물건의 부피를 재기 위해 깍두기 모양 측정 도구를 생각해 냈습니다. 바로 '단위 부피'입니다.

단위 부피는 한 변이 1m인 정육면체의 부피를 $1m^3$(세제곱미터)로 약속했어요.

가로 2m, 세로 3m, 높이 4m인 입체도형의 부피를 구할 때 단위 부피가 몇 개 들어가는지 헤아려 부피를 구할 수 있습니다.

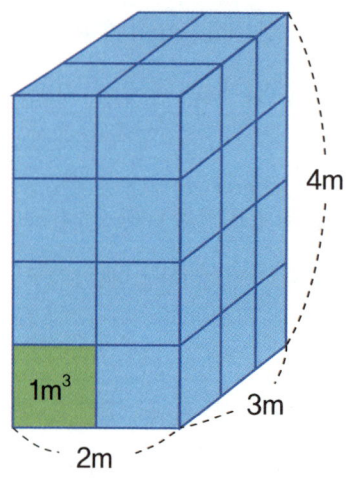

이 입체도형에는 부피가 $1m^3$인 정육면체가 가로 2개, 세로 3개씩 6개가 4층으로 쌓여 있어서 모두 24개가 됩니다. 따라서 부피는 $24m^3$가 되지요.

부피 단위도 한 종류만 가지고서는 작은 물건이나 큰 물건의 부피를 재는 데 불편하겠지요? 그래서 여러 부피 단위가 만들어졌습니다.

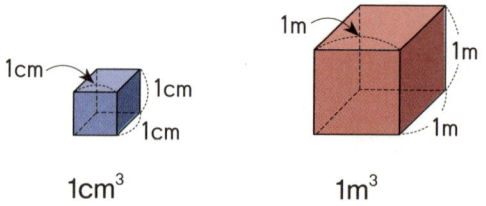

1cm³

한 변의 길이가 1cm인 정육면체의 부피.
세제곱센티미터의 부피를 어림해 봅시다.

각설탕 약 1cm³

작은 우유갑 200cm³

컵 약 300cm³

큰 우유갑 1,000cm³

1m³

한 변의 길이가 1m인 정육면체의 부피.
세제곱미터의 부피를 어림해 봅시다.

냉장고 약 1.3m³

옷장 약 4m³

교실 약 160m³

동네 수영장 약 500m³

들이 단위

부피와 비슷한 개념을 갖는 단위로 '들이'가 있습니다.

모든 그릇에는 그릇의 두께가 있습니다. 바깥 모양이 같더라도 그릇의 두께가 다르면 안에 들어가는 양이 달라집니다. 두께가 두꺼우면 안에 들어가는 양이 적어지고 두께가 얇으면 안에 들어가는 양은 많아지겠지요? 그래서 그릇 두께와 상관없이 그릇 안에 들어가는 양만 재기 위한 새로운 단위가 필요해졌습니다. 바로 '들이'입니다. 들이란 글자 그대로 그릇 안에 들어가는 양을 말합니다. 그릇의 안쪽 부피라고 생각하면 쉬워요.

들이 단위는 병 속에 든 음료수의 양을 알고 싶을 때, 주전

자에 들어가는 물의 양이나 자동차에 들어가는 휘발유 양을 잴 때 자주 쓰게 됩니다. 들이의 단위에는 1밀리미터(mL), 1리터(L) 등이 있습니다.

1mL

1cm³가 들어가는 들이.

밀리미터의 들이를 어림해 봅시다.

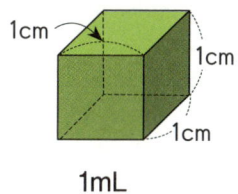

1mL

작은 요구르트 **65**mL

작은 우유갑 **200**mL

생수 작은병 **500**mL

큰 우유갑 **1,000**mL(1L)

1L

1000cm³가 들어가는 들이.

리터의 들이를 어림해 봅시다.

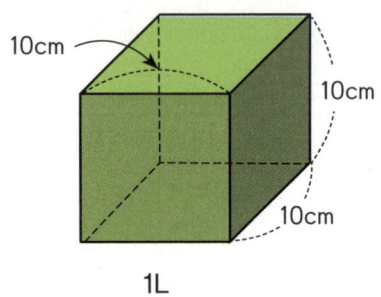

큰 우유갑 1L

큰 콜라병 1.5L

중형 자동차 연료통 약 60L

7 무게 단위

수학 3-2 5. 들이와 무게

물건이 얼마나 무겁고 가벼운지를 나타내는 정도를 무게라고 합니다. 정육점에서는 무게를 달아 고기를 팔고, 트럭에 물건을 실을 때도 물건의 무게를 알아야 하며, 공사장 크레인은 무게를 알맞게 실어야 안전하게 작동할 수 있지요.

오늘날의 무게 단위도 미터법에 기반을 두고 있습니다. 널리 쓰이는 무게 단위인 1킬로그램(kg)은 '영상 4°C에서의 순수한 물 1,000cm³의 무게'로 정의합니다.

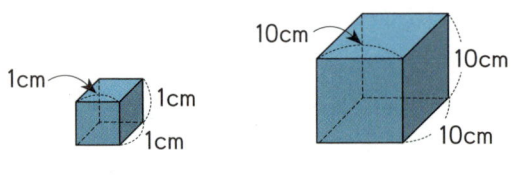

1g(물 1cm³의 무게)   1kg(물 1,000cm³의 무게)

무게도 변하지 않는 조건으로 새로운 '정의'가 만들어졌습니다. 과학자들은 빛 에너지를 공부할 때 쓰는 '플랑크 상수(h)'를 이용해 1킬로그램을 다시 정의했지요. 우리나라도 2019년 5월 20일부터 새 정의를 따르고 있습니다.

무게의 단위는 그램(g), 킬로그램(kg), 톤(t) 등이 있습니다.

1g

영상 4°C에서의 순수한 물 1cm³의 무게.
그램의 무게를 어림해 봅시다.

요구르트 약 65g
휴대폰 약 150g

작은 우유갑 약 200g

쇠고기 1근 600g

1kg

영상 4°C에서의 순수한 물 1,000cm³의 무게.
킬로그램의 무게를 어림해 봅시다.

초등학생 책가방 약 4kg

초등학교 5학년 어린이 몸무게 약 40kg

쌀 한 가마 무게 80kg

1t

1t(톤)은 1,000kg의 무게. 1kg의 1,000배.
톤의 무게를 어림해 봅시다.

작은 트럭 약 1t

어미 하마 약 3t

어미 코끼리 약 5t

큰 트럭 약 10t

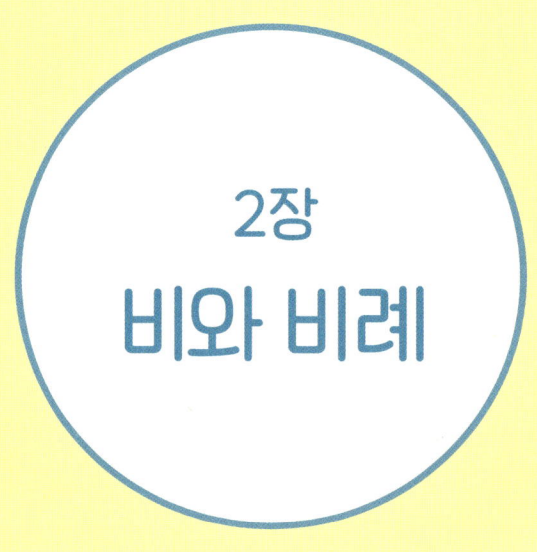

2장
비와 비례

우리는 일상생활에서 두 개 이상의 가치를 서로 비교합니다.
소득이나 성장률이 지난해보다 높아졌는지 따져 보기도 하지요.
이렇게 여러 가지를 비교하는 데 쓰이는 비율에 관해 살펴봅시다.

1) 직접 비교와 상대 비교

수학 6-1 4. 비와 비율

아버지 몸무게는 60kg이고 아들 몸무게는 20kg입니다.

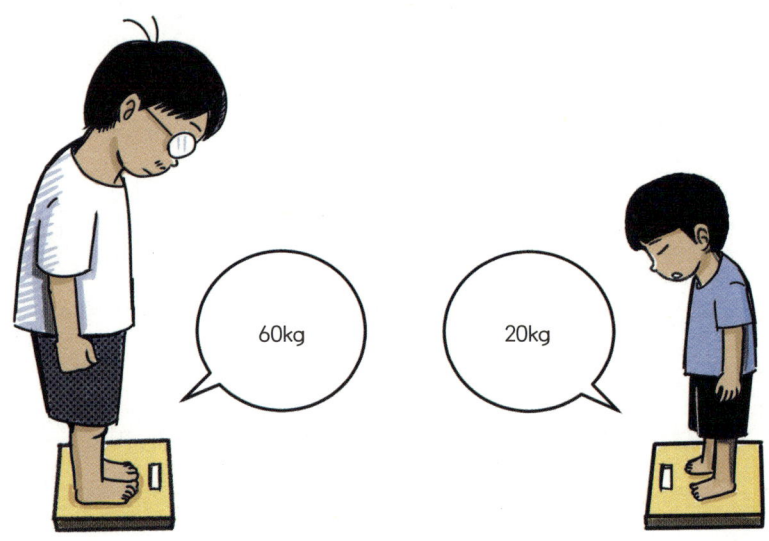

두 사람 가운데 누가 더 무겁습니까?

얼마나 더 무거운가요?

몇 배쯤 더 무거울까요?

수를 비교할 때는 두 가지 관점에서 비교할 수 있습니다.

아버지는 아들보다 몇 kg 더 무거운가?

아버지 몸무게는 아들보다 얼마나 더 무거운가요? 아버지 몸무게에서 아들 몸무게를 빼면 차이를 알 수 있습니다.

60kg − 20kg = 40kg

아버지가 아들보다 40kg 더 무겁습니다.

아버지는 아들보다 몇 배 더 무거울까?

아버지 몸무게는 아들보다 몇 배 더 무거울까요? 이때는 아버지 몸무게를 아들 몸무게로 나누면 알 수 있습니다.

60 ÷ 20 = 3배

아버지가 아들보다 3배 더 무겁습니다.

첫 번째 방법처럼 두 양의 차를 구해 비교하는 방법을 **직접 비교**라고 하고, 두 번째 방법처럼 비교하고 싶은 양이 기준이 되는 양과 견주어 몇 배나 더 큰지 알아보는 비교법을 **상대 비교**라고 합니다.

상대 비교는 우리 생활에서 두 양을 견주어 가치를 평가할 때 많이 씁니다. 이 단원에서 우리가 공부할 비교법은 상대 비교입니다.

2 기준량

수학 6-1 4. 비와 비율

비교에 꼭 필요한 '기준'

예준이 키는 130cm, 영자는 136cm, 해준이는 137cm, 지수는 140cm입니다. 영자는 키가 큰 어린이일까요?

2장 비와 비례 49

영자의 키를 크다고 해야 할까요? 작다고 해야 할까요? 아니면 중간쯤? 영자는 크다고 할 수도 있고, 작다고 할 수도 있고, 중간쯤 된다고 말할 수도 있습니다. 왜 이렇게 애매한 답이 나오는 걸까요?

물건의 크기나 숫자를 비교할 때 꼭 필요한 것이 있습니다.

"영자는 예준이보다 키가 클까?"
"영자는 지수보다 키가 클까?"

이렇게 비교 대상을 정확히 해야 알맞은 질문이 됩니다. 그러면 다음과 같이 답을 할 수 있지요.

"영자는 예준이보다 크다."
"영자는 지수보다 작다."

이처럼 수량을 비교할 때는 정확한 **기준**이 있어야 합니다.

기준량의 위치

 희망 농장 주인은 석 달 동안 노력한 끝에 기쁜 마음으로 멜론 15개를 수확하였습니다. 하지만 이웃 사랑 농장에서 멜론 20개를 수확했다는 소식을 듣고 조금 실망스러웠습니다.

두 농장의 멜론 수확량을 비로 써 보겠습니다.

15 : 20

20 : 15

 어떻게 쓰는 게 좋을까요? 둘 다 맞을까요? 두 가지 표현을 섞어 쓰면 어떤 일이 벌어질까요?

 똑같은 일에 서로 다른 표현을 쓰면 헷갈립니다. 그래서 기

준이 되는 양을 뒤에 둔다는 약속을 정했습니다.

위 문제에서 멜론 수확량 때문에 실망하고 있는 사람은 누구인가요? 왜 실망하고 있습니까? 누구와 비교하고 있나요?

위 문제는 희망 농장 주인 처지에서 생각해 본 것입니다. 희망 농장 주인이 실망한 까닭은 사랑 농장의 수확량과 비교했을 때 희망 농장의 수확량이 적었기 때문이죠. 즉 사랑 농장 수확량을 기준으로 희망 농장의 수확량을 비교해 본 것입니다.

따라서 이 경우에는 사랑 농장 수확량이 '기준량'이 되고 이를 비의 뒷부분에 두어야 합니다.

희망	:	사랑
15	:	20
비교하는 양		기준량

비 읽기

사랑 농장의 수확량이 기준이 되므로 이를 '기준량'이라 부르고, 희망 농장의 수확량과 비교하는 것이므로 이를 '비교하는 양'이라고 합니다.

15 : 20은 다음과 같이 읽을 수 있습니다.

'15 대 20'

'15와 20의 비'

'15의 20에 대한 비'

'20에 대한 15의 비'

또는

'희망 농장 대 사랑 농장'

'희망 농장과 사랑 농장의 비'

'희망 농장의 사랑 농장에 대한 비'

'사랑 농장에 대한 희망 농장의 비'

문제에서 기준량과 비교하는 양을 찾아내는 것은 '비' 문제를 해결하는 첫걸음입니다. 그래서 문제 전체를 차분히 읽고 내용을 충분히 이해하는 과정이 필요합니다.

3 비율

수학 6-1 4. 비와 비율

비율이란 비교하는 양이 기준량의 몇 배인지 계산하는 것입니다. (비교하는 양)을 (기준량)으로 나눈 것이지요.

$$비율 = (비교하는\ 양) \div (기준량) = \frac{(비교하는\ 양)}{(기준량)}$$

이렇게 나누면 기준량이 1일 때 비교하는 양의 크기가 어느 정도 되는지 알 수 있게 됩니다.

$$\frac{2}{3} < 1 < \frac{4}{3}$$

비율은 보통 분수나 소수로 표현됩니다. 희망 농장 수확량이 사랑 농장 수확량과 비교해 몇 배나 큰지 작은지 비율을 알아봅시다.

$$15 \div 20 = \frac{15}{20} = \frac{3}{4} = 0.75$$

희망 농장 멜론 수는 사랑 농장 멜론 수의 0.75배입니다. 다시 말해 사랑 농장 수확량이 1이라면 희망 농장 수확량은 0.75가 됩니다. 이것을 비율이라고 합니다.

백분율(%)

백분율이란 분수나 소수로 표현된 비율을 100배로 늘린 것입니다. 분수나 소수보다는 자연수가 한눈에 알아보기 쉽기 때문이에요. 자연수 중에서도 100 이하 자연수는 한번 훑어보는 것만으로도 수의 크기를 쉽게 가늠할 수 있습니다.

"엄마 나 0.75점 맞았어!"보다 "엄마 나 75점 맞았어!"가 한결 익숙한 것처럼 말이죠.

백분율 만들기는 아주 간단합니다. 비율에다 100배를 하면 됩니다.

백분율 = 비율×100

따라서 사랑 농장 수확량을 기준량으로 희망 농장 수확량을 백분율로 나타내면 다음과 같습니다.

$$\frac{15}{20} \times 100 = 0.75 \times 100 = 75\%$$

백분율은 기준량을 100으로 본 것으로 100점 만점이라고 생각하면 쉽습니다. 사랑 농장 생산량에 100점을 준다면 희망 농장 생산량에는 몇 점을 주어야 할까요? 75점이겠지요?

백분율은 신문이나 인터넷, 방송에서 자주 볼 수 있지요.

운동화 30% 할인: 100원 중 30원 깎아 준다는 뜻이에요.

합격률 95%: 100명 중 95명 정도가 합격한다는 뜻이고요.

이자율 3%: 100원을 맡기면 이자를 3원 준다는 뜻이지요.

이 밖에도 시청률, 수익률, 성장률, 보유율, 출석률, 참가율, 회복률, 성공률, 투표율, 탑승률, 치료율, 흡수율, 남녀 비율, 식품 원료 첨가율, 비 올 확률 같은 말이 쓰이지요. 왜 이렇게 많이 쓰이냐고요? 백분율은 한번 훑어보는 것만으로도 비교치를 쉽게 가늠할 수 있기 때문입니다. 비 올 확률이 80%라면 우산을 준비해야 하겠죠?

비에 담긴 뜻

멜론 농장 생산량을 바꾸어 가며 생각해 봅시다. 사랑 농장 생산량이 20일 때 희망 농장 생산량이 15, 20, 25로 바뀌면 비율은 어떻게 될까요?

희망	사랑	비	비율	백분율
15	20	15 : 20	$\frac{15}{20} = 0.75$	75%
20	20	20 : 20	$\frac{20}{20} = 1$	100%
25	20	25 : 20	$\frac{25}{20} = 1.25$	125%

비율이 1보다 작으면 백분율은 100보다 작아집니다. 이는 기준량에 비해 비교하는 양이 모자란 것을 나타냅니다.

비율이 1이면 백분율은 100이 됩니다. 이는 기준량과 비교하는 양이 같다는 것을 나타냅니다.

비율이 1보다 크면 백분율은 100보다 커집니다. 이는 기준량에 비해 비교하는 양이 큰 것을 나타냅니다.

더 알아보기

비율로 나타내는 야구 기록

야구 올스타전에서 홈런 치기 시합을 하고 있습니다. 참가자는 누구든 25번의 기회가 주어집니다. 강백호 선수는 공 25개 가운데 15개를 홈런으로 쳤습니다. 강백호 선수가 친 홈런을 비로 나타내 봅시다.

몇 개를 홈런으로 쳤나요? 15개

몇 개를 기준으로 홈런 치기를 하였나요? 25개

따라서 강백호 선수가 친 홈런을 비로 나타내면 15 : 25가 됩

니다. 이를 다시 비율로 계산하면 $15 \div 25 = \dfrac{15}{25} = 0.6$입니다.

　야구에서 타자의 기록 가운데 가장 대표적인 것이 타율입니다. 타자가 타석에서 공을 친 성적을 비율로 나타낸 것인데, 이 타율은 타자의 타격 정확도를 가늠하는 척도로, 타율이 높을수록 강타자로 인정받습니다.

타율＝안타 수÷타수

　안타 수를 타수로 나누어 계산한 수를 소수점 아래 넷째 자리에서 반올림하여 소수점 아래 셋째 자리까지 표시합니다. 타율을 말할 때는 소수점 아래 첫째 자리에 '할', 둘째 자리에 '푼', 셋째 자리에 '리'를 붙여 읽습니다.

　예를 들어 2010년 이대호 선수는 타석에 552회 올라 베이스온볼스, 몸에 맞은 공, 희생타, 타격 방해 등을 제외하고 478타수를 기록했으며 이 가운데 174개의 안타를 쳤습니다. 따라서 타율은 174÷478을 계산한 값인 0.36401…인데, 이를 반올림하면 0.364, 즉 3할 6푼 4리입니다.

　이밖에도 투수의 방어율 등 야구 경기의 여러 가지 기록에서 비율이 쓰이고 있습니다.

3장
비례식과 비례배분

전체를 주어진 비에 따라 나누는 것을 비례배분이라 합니다.

일상생활에서는 비례배분이 자주 쓰입니다.

비례배분을 이해하려면 비의 성질과 비례식을 알고 있어야 합니다.

1) 비의 성질

수학 6-2 4. 비례식과 비례배분

늘어가는 값의 비

비의 성질을 공부할 때에는 기준량과 비교하는 양을 부르는 이름이 조금 달라집니다. 앞에 있는 비교하는 양을 **전항**, 뒤에 있는 기준량을 **후항**이라 부릅니다.

$$2 : 3$$
전항　후항

비의 성질을 알아봅시다.

2시간 동안 자동차 3대를 만들 수 있는 자동차 공장이 있습니다. 이 공장에서 4시간 동안 자동차 몇 대를 만들 수 있을까요?

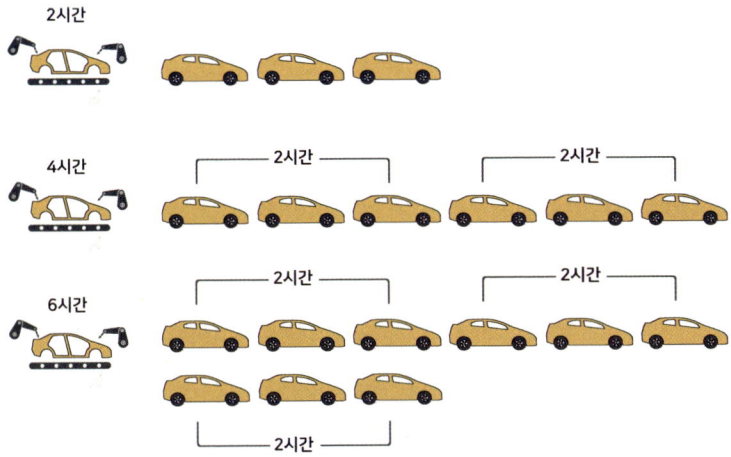

똑같은 능력으로 일한다고 가정했을 때 시간이 2배로 늘면 생산량도 2배로 늘어납니다. 따라서 4시간 동안 6대를 만들어 낼 수 있지요.

자동차를 만드는 데 걸리는 시간과 만들 수 있는 자동차 수를 표로 정리하면 다음과 같습니다.

시간	2	4	6	8
자동차 수	3	6	9	12

둘 사이의 비를 구하고 비율을 비교해 봅시다.

$2 : 3 = \dfrac{2}{3}$

$4 : 6 = \dfrac{4}{6} = \dfrac{2}{3}$

$6 : 9 = \dfrac{6}{9} = \dfrac{2}{3}$

$8 : 12 = \dfrac{8}{12} = \dfrac{2}{3}$

네 비의 비율이 $\dfrac{2}{3}$로 모두 같습니다.

2 : 3과 같은 비율의 비를 쉽게 만드는 방법이 있습니다.

$2 \times 2 : 3 \times 2 = 4 : 6$

$2 \times 3 : 3 \times 3 = 6 : 9$

$2 \times 4 : 3 \times 4 = 8 : 12$

비의 전항과 후항에 같은 수를 곱하는 방법이지요.

시간이 2배, 3배로 늘어나면 생산량도 2배, 3배로 늘어나겠죠?

이처럼 어떤 비가 있을 때 **비의 전항과 후항에 0이 아닌 같은 수를 곱하여도 비율은 같습니다**. 0을 곱하면 전항 후항 모두 0이 되겠지요?

줄어드는 값의 비

어느 여름날 그림자 길이가 36m인 건물의 높이를 재니 12m였습니다. 같은 시간 그림자 길이가 18m인 옆 건물의 높이는 6m였습니다. 그림자 길이가 12m이면 실제 건물의 높이는 얼마일까요?

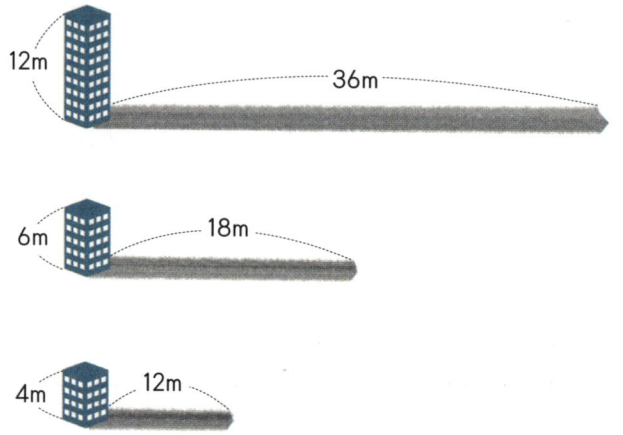

그림자 길이와 건물 높이 사이의 관계를 정리하면 다음과 같습니다.

그림자 길이	36	18	12	9
건물 높이	12	6	4	3

건물 높이는 그림자 길이의 $\frac{1}{3}$배입니다.

둘 사이의 비를 구하고 비율을 비교해 봅시다.

$12 : 36 = \dfrac{12}{36} = \dfrac{1}{3}$

$6 : 18 = \dfrac{6}{18} = \dfrac{1}{3}$

$4 : 12 = \dfrac{4}{12} = \dfrac{1}{3}$

보든 비의 비율이 $\frac{1}{3}$로 같습니다. 이는 다음과 같이 전항과 후항을 같은 수로 나눈 것과 같습니다.

12÷2 : 36÷2 = 6 : 18

12÷3 : 36÷3 = 4 : 12

12÷4 : 36÷4 = 3 : 9

건물 높이가 줄어드는 비율만큼 그림자 길이도 줄어들겠죠?

이처럼 어떤 비가 있을 때 **비의 전항과 후항을 0이 아닌 같은 수로 나누어도 비율은 늘 같습니다.**

비의 성질을 알고 있으면 100층짜리 건물 높이도 땅 위 그림자 길이를 재어 간단히 구할 수 있습니다. 모르는 양을 비의 성질을 이용해 계산해 낼 수 있는 것입니다. 이를 이용하면 분수나 소수로 표현된 비도 알기 쉬운 자연수 비로 나타낼 수 있습니다.

2 자연수 비

수학 6-2 4. 비례식과 비례배분

비의 성질을 이용하면 큰 수나 소수, 분수 등으로 표현된 비를 간단한 자연수 비로 나타낼 수 있습니다.

18 : 12를 간단한 자연수 비로 나타내어 봅시다.

18÷2 : 12÷2 = 9 : 6

9÷3 : 6÷3 = 3 : 2

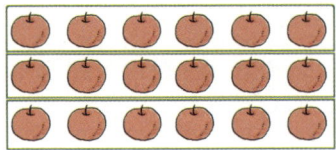

18 : 12를 간단한 자연수 비로 나타내면 3 : 2가 됩니다.

18과 12의 **최대공약수**인 6으로 나누면 과정이 더욱 간단해집니다.

18÷6 : 12÷6 = 3 : 2

이번에는 소수 1.5 : 0.9를 간단한 자연수 비로 나타내어 봅시다.

1.5×10 : 0.9×10 = 15 : 9

15÷3 : 9÷3 = 5 : 3

소수에 10의 배수를 곱해 자연수로 만든 다음 최대공약수로 나누어 줍니다.

분수 $\frac{1}{2} : \frac{1}{5}$을 간단한 자연수 비로 나타내어 봅시다.

($\frac{1}{2}$×10) : ($\frac{1}{5}$×10) = 5 : 2

두 분모 2와 5의 **최소공배수**인 10을 곱하면 쉽게 해결할 수 있습니다.

이처럼 비의 성질을 이용하면 큰 수나 소수, 분수 등으로 표현된 비를 간단한 자연수 비로 나타낼 수 있습니다.

3 비례식

수학 6-2 4. 비례식과 비례배분

내항과 외항

앞서 알아본 비의 성질에 따르면, 2시간 동안 자동차 3대를 만들 수 있는 공장에서는 4시간 동안 자동차 6대를 만들어 낼 수 있습니다. 그리고 두 비 2 : 3과 4 : 6은 같은 비율이므로 2 : 3 = 4 : 6으로 나타낼 수 있습니다.

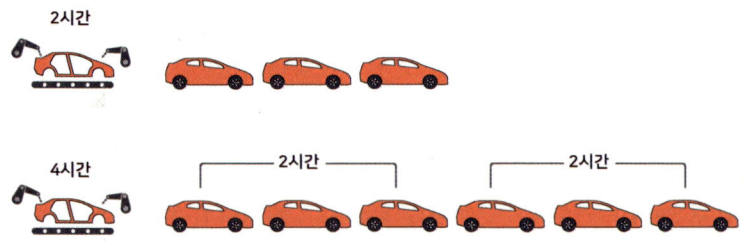

이처럼 비율이 같은 두 비를 등식으로 나타낸 것을 비례식이라고 합니다. 이때 비례식의 안쪽에 있는 3과 4를 내항, 바깥쪽에 있는 2와 6을 외항이라 부릅니다.

$$2 : 3 = 4 : 6$$

비례식의 성질

비례식에는 비례식만의 독특한 성질이 있습니다. 다음 비례식에서 내항끼리 곱과 외항끼리 곱을 구하고 둘을 비교해 봅시다.

$$2 \times 6 = 12$$
$$2 : 3 = 4 : 6$$
$$3 \times 4 = 12$$

비례식이 성립하면 내항의 곱과 외항의 곱은 항상 같습니다.

$$2 : 3 = 4 : 6$$

이 비례식은 $\dfrac{2}{3} = \dfrac{4}{6}$로 나타낼 수 있습니다.

$$\dfrac{2}{3} = \dfrac{4}{6} \rightarrow \dfrac{2\times 6}{3\times 6} = \dfrac{4\times 3}{6\times 3} \rightarrow 2\times 6 = 4\times 3$$

　　　　　　양쪽 분모를 같게 하면　　분모가 같으니 분자도 같다

이런 원리로 내항의 곱과 외항의 곱이 같은 것입니다.

이 성질을 알고 있으면 비례식에서 모르는 어느 한 항이 있더라도 이를 계산해 낼 수 있습니다.

비례식의 성질을 이용해 다음 수돗물의 양을 구해 봅시다.

2분 동안에 5L의 물이 나오는 수도꼭지를 틀어 놓았습니다. 6분 동안 틀어 놓으면 몇 L의 물을 받을 수 있을까요?

6분 동안 나오는 수돗물의 양을 □라 생각하고 비례식을 세우면 다음과 같습니다.

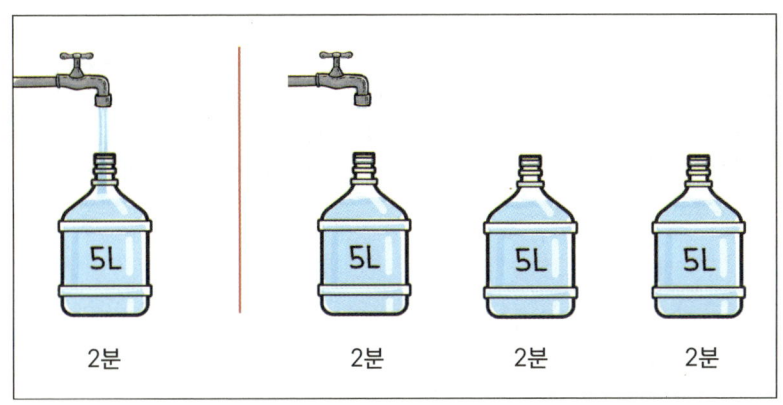

2분 : 5L = 6분 : □L 외항의 곱은 내항의 곱과 같으므로

2×□=5×6

2×□=30

□=15

따라서 6분 동안 나오는 수돗물의 양은 15L가 됩니다.

비례식의 성질 활용

비례식의 성질을 활용해 모르는 수를 찾아봅시다.

2인분 밥을 하는데 500g의 쌀이 듭니다. 5인분 밥을 하려면 몇 g의 쌀이 있어야 할까요?

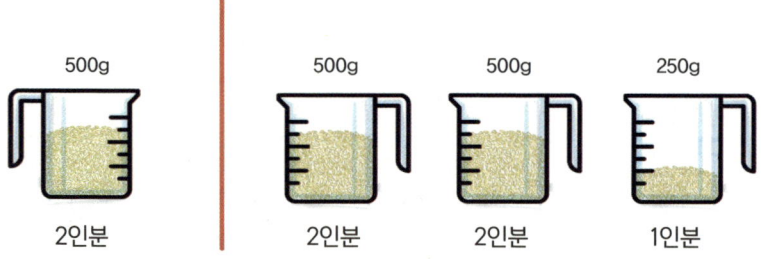

2 : 500 = 5 : ☐

내항의 곱과 외항의 곱은 같으므로

2 × ☐ = 500 × 5

2 × ☐ = 2500

☐ = 1250

1,250g의 쌀이 필요합니다.

4 비례배분

수학 6-2 4. 비례식과 비례배분

유안이는 20,000원 선우는 10,000원을 투자하여 같이 장사를 하였습니다. 한 달 뒤 3,000원의 이익을 남겼다면 유안이와 선우는 수익 3,000원을 어떻게 나누어 갖는 것이 공평할까요?

이런 경우 보통 투자한 금액의 비율로 이익을 나누어 갖습니다. 투자한 돈이 유안이는 20,000원 선우는 10,000원이므로 수익을 $2:1$(20,000:10,000=2:1) 비율로 나누는 것이 공평하지요.

이때 이익금을 모두 몇 부분으로 나누어 놓으면 나누어 갖기에 편리할까요? 유안이는 이익의 몇 분의 몇을 가져가야 할까요? 선우는 이익의 몇 분의 몇을 가져가야 할까요?

수익을 $2:1$ 비율로 나누어야 하므로 수익을 모두 3(2+1)부분으로 나누어 놓으면 분배하기 편리합니다. 유안이는 그 가운데 $\frac{2}{3}$를 가져가고, 선우는 $\frac{1}{3}$을 가져가면 되겠죠?

유안 = 3,000원 × $\frac{2}{3}$ = 2,000원

선우 = 3,000원 × $\frac{1}{3}$ = 1,000원

이렇게 가져야 합니다.

이처럼 전체를 주어진 비로 나누는 것을 비례배분이라 합니다. '비율에 맞게 나누어 갖는다.'는 뜻이지요. 비례배분을 할 때는 전항과 후항의 합을 분모로 하는 분수의 비로 나누는 것이 편리합니다.

친구네 집과 우리 집은 같이 가족여행을 다녀왔습니다. 우리 식구는 5명, 친구네 식구는 3명이어서 여행 비용을 식구

수에 따라 5 : 3으로 나누어 부담하기로 하였습니다. 총 여행 비용이 400,000원 나왔다면 얼마씩 내야 할까요?

여행 비용을 모두 몇 부분으로 나누어 놓는 것이 계산하기 편리할까요?

각 가족의 부담 금액을 계산해 봅시다.

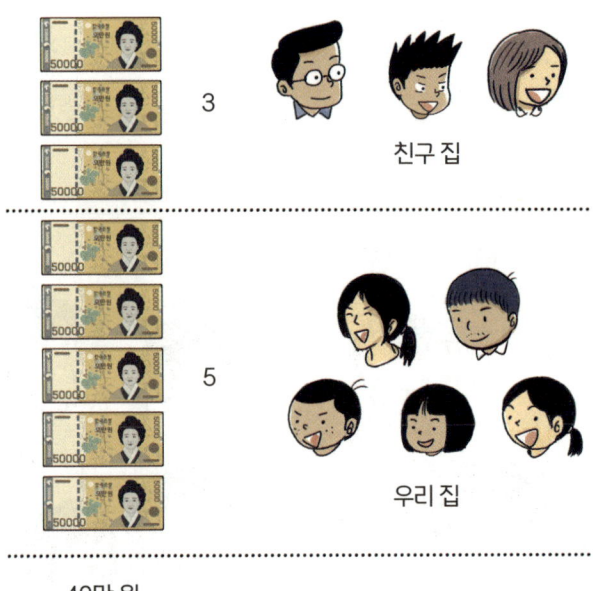

전체 여행 비용이 400,000원이 나왔으므로 이 금액을 식구수인 5 : 3으로 나누어야 합니다. 전체를 8(5＋3)로 나누어 놓으면 분배하기 편리합니다. 우리 집은 전체 비용의 $\frac{5}{8}$ 를 부담하고, 친구네 집은 나머지 $\frac{3}{8}$을 부담하면 됩니다.

우리 집 = 400,000원 × $\frac{5}{8}$ = 250,000원

친구 집 = 400,000원 × $\frac{3}{8}$ = 150,000원

이렇게 나누어서 부담하면 됩니다.

4장
도형의 기본

세상의 모든 도형은 점과 선으로 만들어졌어요.
점이 모여 선이 되고, 선이 모여 면이 된답니다.
점과 선이 만나 만들어지는 여러 가지 도형의 기본 개념을 알아보아요.

1 점, 선, 면

수학 2-1 2. 여러 가지 도형 · 수학 3-1 2. 평면도형

점과 선

수학에서 점은 위치만을 나타냅니다. 점이 움직이면서 지나간 자리를 선이라고 합니다.

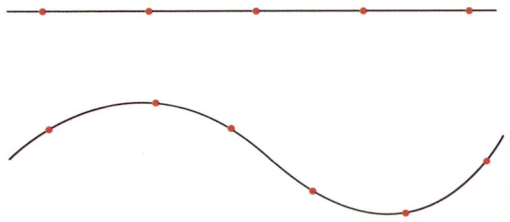

선은 아주 많은 점들이 모여서 이루어집니다. 점이 어떻게 움직이느냐에 따라 직선이 되기도 하고 곡선이 되기도 합니다.

직선과 반직선과 선분

우리는 주변에서 여러 가지 선을 볼 수 있습니다. 점들이 끝없이 곧게 움직여서 만들어진 선을 **직선**이라고 합니다. 아래는 점 ㄱ과 점 ㄴ을 동시에 지나는 직선입니다.

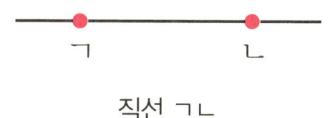

직선 ㄱㄴ

직선 ㄱㄴ 또는 직선 ㄴㄱ이라고 읽습니다. 한없이 계속 나아간다는 의미로 양 끝에 화살표로 표시하기도 합니다.

한 점을 지나는 직선은 아주 많습니다. 하지만 두 점을 지나는 직선은 오직 하나뿐입니다.

다음은 점 ㄱ에서 시작해서 점 ㄴ을 지나 한쪽으로 한없이 늘인 선입니다.

반직선 ㄱㄴ

시작점인 ㄱ을 이름의 앞부분에 붙여 **반직선 ㄱㄴ**이라고 읽습니다. 만약 점 ㄴ에서 시작해서 점 ㄱ을 지나 계속 이어지는 선이라면 **반직선 ㄴㄱ**이라고 읽습니다.

반직선 ㄴㄱ

이번에는 점 ㄱ에서 점 ㄴ을 이은 선을 그려 봅니다.

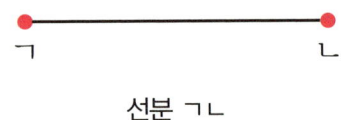

선분 ㄱㄴ

이렇게 두 점을 곧게 이은 선을 **선분**이라고 합니다. 이 선분에 이름을 붙여 볼까요? 이 선분은 **선분 ㄱㄴ** 또는 **선분 ㄴㄱ**이라고 합니다. 두 개의 이름을 갖고 있죠. 점 ㄱ과 점 ㄴ 사이의 거리가 선분의 길이가 됩니다.

면

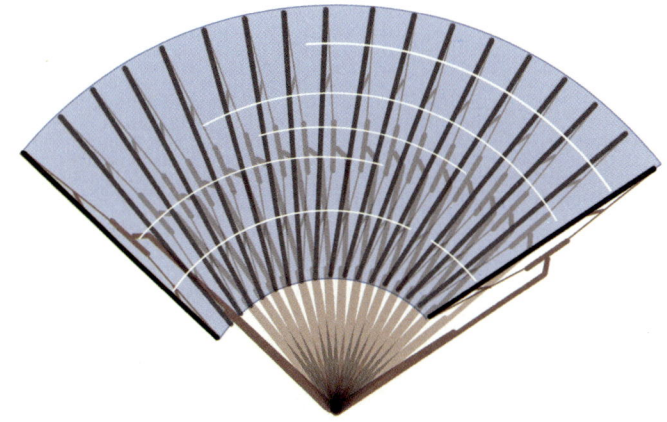

자동차 와이퍼는 가만히 있으면 선으로 보입니다. 그런데 이 와이퍼가 움직이면서 닦은 부분은 면이 됩니다.

이렇게 선이 움직이면서 만들어지는 모양을 면이라고 합니다. 면은 수없이 많은 선이 모인 것이지요.

점, 선, 면이 모여서 만들어진 모양은 도형이라고 합니다.

2 각과 각도

수학 4-1 2. 각도

각

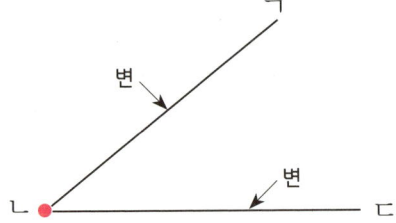

한 점에서 그은 두 반직선으로 이루어진 도형을 **각**이라고 합니다.

각은 두 반직선이 한 점에서 출발해야 합니다. 즉 두 반직선이 한 점 ㄴ에서 만나고 있지요. 점 ㄴ을 각의 **꼭짓점**이라고 합니다. 그리고 반직선 ㄴㄱ과 반직선 ㄴㄷ을 각의 **변**이라고 합니다.

이 각에 이름을 붙여 봅시다. 이 각은 각 ㄱㄴㄷ 또는 각 ㄷㄴㄱ이라고 부릅니다. 두 개의 이름을 갖고 있지요. 각 이름에 들어 있는 기호의 순서는 중요합니다. 우리 이름도 순서가 바뀌면 엉뚱한 사람의 이름으로 변하잖아요. 꼭짓점에 해당하는 기호가 가운데 오는 것을 잊지 맙시다.

각도

각을 비교해 봅시다.

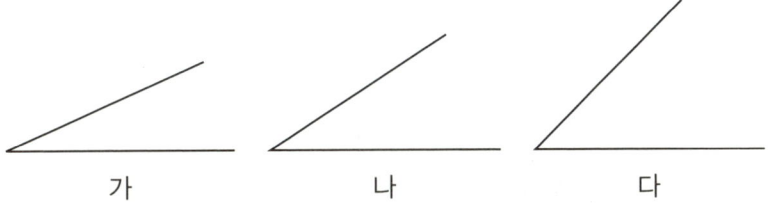

위 각 중 가장 큰 각은 다입니다.

각은 두 반직선으로 이루어진 도형이잖아요. 두 반직선 사이에 벌어진 크기를 각도라고 합니다. 반직선이 많이 벌어지면 각도가 '크다', 반직선이 조금 벌어지면 각도가 '작다'라고 말하지요.

그리고 두 반직선이 만나면 그림처럼 가와 나 두 개의 각이 만들어집니다. 하지만 보통은 90도보다 작은 각 나를 가리킵니다.

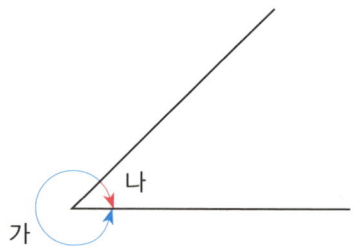

각의 크기인 각도를 재기 위해서는 단위가 필요합니다.

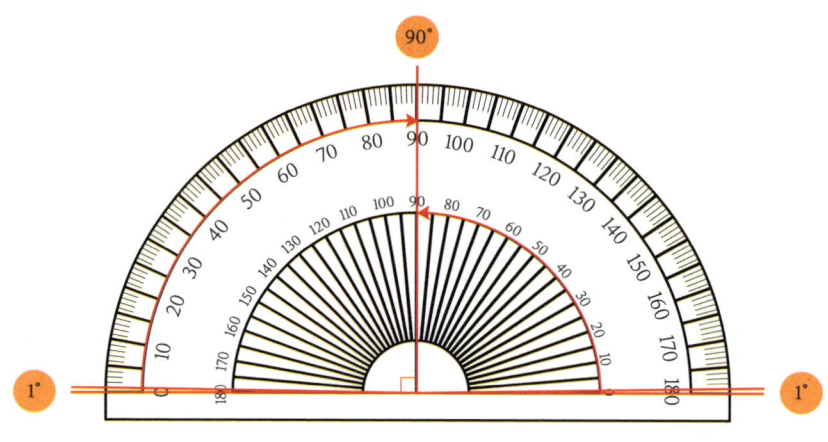

직각을 90으로 나누어 1도라고 하고, 1도는 1°로 표현해요. 각도는 각도기로 재는데, 각도기를 사용할 때에는 각도기의 중심과 각의 꼭짓점을 정확하게 맞추어야 합니다.

3 각의 종류

수학 4-1 2. 각도

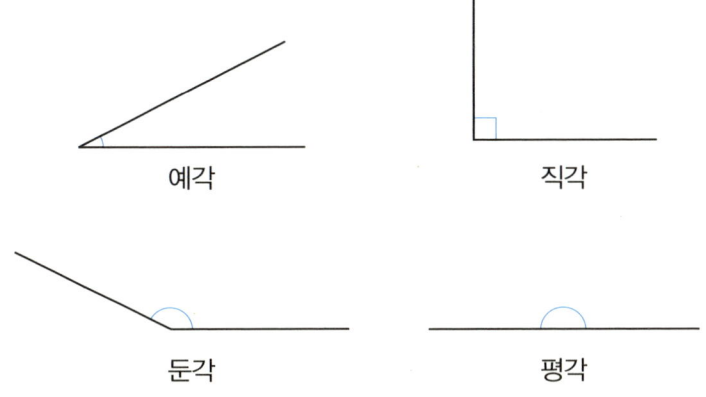

0도보다 크고 직각보다 작은 각을 예각이라고 합니다. 날카로운 각이라는 뜻이지요. 90도인 각을 직각, 직각보다 크고 180도보다 작은 각을 둔각이라고 합니다. 둔한 각이라는 뜻을 담고 있어요. 180도인 일직선 각은 평각이라고 합니다.

4 각도의 덧셈과 뺄셈

수학 4-1 2. 각도

각도 더하거나 뺄 수 있을까요?
다음 두 각도의 합을 구해 봅시다.

가   +   나

각도가 표시되어 있는 두 각의 합을 구할 때에는 덧셈으로 손쉽게 구할 수 있습니다. 예를 들어 각 가의 크기가 30도이고 각 나의 크기가 20도이면 두 각의 합은 50도입니다.
각도가 표시되어 있지 않을 때에는 각도기로 두 각의 크기를 재서 더해 주면 되겠죠?

두 각을 붙여 그려 더할 수도 있습니다. 이때에는 각의 꼭 짓점과 한 변이 겹치도록 붙여야 정확한 값을 구할 수 있습니다.

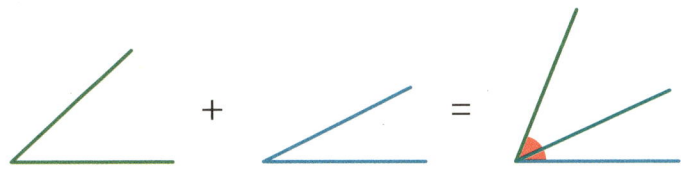

각을 뺄 때에도 마찬가지입니다. 각의 크기가 표시되어 있으면 큰 각에서 작은 각의 크기를 빼면 됩니다. 각의 크기가 표시되어 있지 않으면 두 각의 각도를 재 차를 구합니다.

두 각을 붙여 그려 뺄 수도 있습니다. 이때에는 각의 꼭 짓점과 한 변이 겹치도록 붙여야 정확한 값을 구할 수 있습니다.

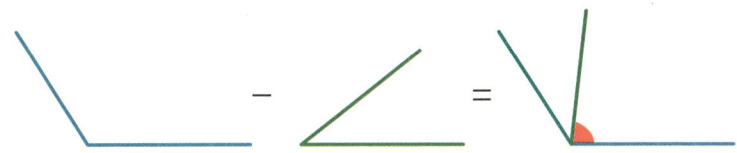

5장
평면도형

우리가 종이 위에 그리는 삼각형, 사각형, 원이 평면도형이에요.
점이, 선이 모여 하나의 면을 만든 것이랍니다.
평면도형의 종류와 특징을 살펴볼까요?

① 삼각형

수학 2-1 2. 여러 가지 도형
수학 3-1 2. 평면도형 · 수학 4-2 2. 삼각형

아래 도형 중에서 세 개의 선분으로 둘러싸인 도형을 모두 찾아봅시다.

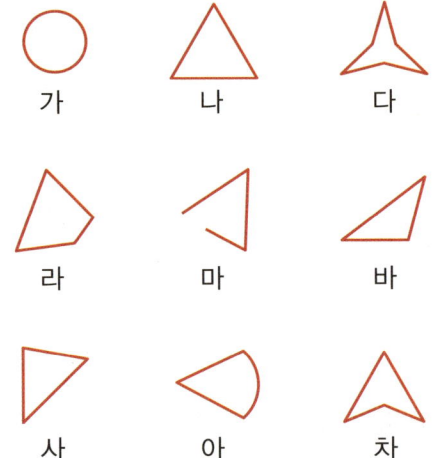

앞쪽 도형 중 나, 바, 사는 세 개의 선분으로 둘러싸인 도형입니다. 이런 도형을 삼각형이라고 합니다.

삼각형은 우리가 흔히 세모라고 부르는 도형입니다. 삼각형은 평면도형 중 가장 간단한 모양입니다. 최소한 세 개의 선분이 모여야 하나의 평면도형이 생기거든요.

삼각형 각 부분의 이름을 알아봅시다.

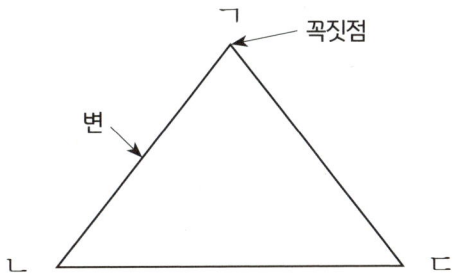

위 삼각형을 삼각형 ㄱㄴㄷ이라고 부릅니다.

위 삼각형에서 점 ㄱ, 점 ㄴ, 점 ㄷ을 꼭짓점이라 하고, 선분 ㄱㄴ, 선분 ㄴㄷ, 선분 ㄷㄱ을 변이라고 합니다.

삼각형에는 세 개의 변과 세 개의 꼭짓점이 있습니다. 또한 삼각형은 세 개의 각을 갖고 있습니다. 그래서 삼각형이라는 이름을 갖게 되었습니다.

2 삼각형의 종류

수학 2-1 2. 여러 가지 도형
수학 3-1 2. 평면도형 · 수학 4-2 2. 삼각형

삼각형은 각의 크기에 따라 다음과 같이 나눕니다.

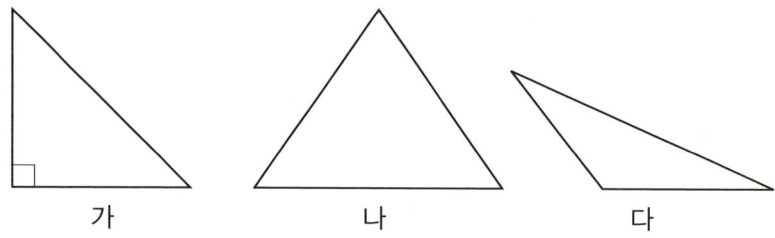

가 나 다

가처럼 한 각이 직각으로 이루어진 삼각형을 직각삼각형이라고 합니다. 나처럼 세 각이 모두 직각보다 작은 예각으로 이루어진 삼각형을 예각삼각형, 다처럼 한 각이 직각보다 큰 둔각으로 이루어진 삼각형을 둔각삼각형이라고 해요.

삼각형은 안정적인 구조로 이루어져 있어 튼튼하고 잘 허물어지지 않습니다. 그래서 다리를 건설하거나 건축물을 짓는 데 많이 활용됩니다. 파리에 있는 에펠탑에서 많은 삼각형 구조를 볼 수 있습니다.

이등변삼각형

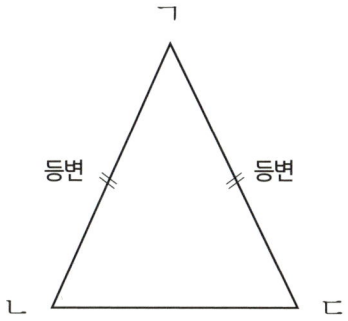

두 변의 길이가 같은 삼각형을 이등변삼각형이라고 합니다. 길이가 같은 변을 등변이라고 해요

이등변삼각형에는 어떤 특징이 있을까요? 이등변삼각형은 세 변 중 두 변의 길이가 같습니다. 그리고 아래에 있는 두 각, 각 ㄴ과 각 ㄷ의 크기가 같습니다.

직각이등변삼각형

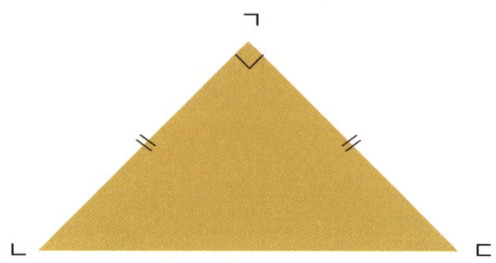

이등변삼각형 중에서 한 각이 직각인 삼각형을 직각이등변삼각형이라고 합니다.

서양식 집의 지붕을 옆에서 보면 이등변삼각형 모양을 발견할 수 있습니다. 들에 나들이 나가 천막을 칠 때에도 이등변삼각형을 쉽게 찾아볼 수 있지요. 이런 지붕은 눈이나 비가 오면 물 빠짐이 좋습니다.

정삼각형

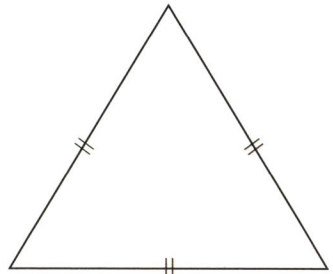

삼각형 중에서 세 변의 길이가 모두 같은 삼각형을 정삼각형이라고 합니다.

정삼각형에는 어떤 성질이 있을까요? 정삼각형은 세 변의 길이가 같습니다. 정삼각형은 세 각의 크기도 같습니다.

정삼각형은 삼각형 중에서도 가장 안정적인 모양입니다.

③ 삼각형 세 각의 합

수학 2-1 2. 여러 가지 도형
수학 3-1 2. 평면도형 · 수학 4-2 2. 삼각형

삼각형 세 각을 합하면 크기가 얼마나 될까요?
삼각형 세 각의 크기를 각도기로 직접 재어 보면 180도가 되는 걸 알 수 있습니다.

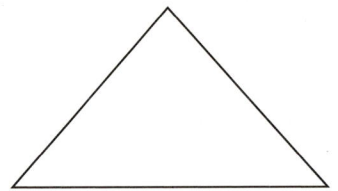

위에 있는 삼각형 세 각의 크기를 직접 재어 봅시다. 그리고 세 각의 합을 구해 봅시다. 몇 도가 될까요?

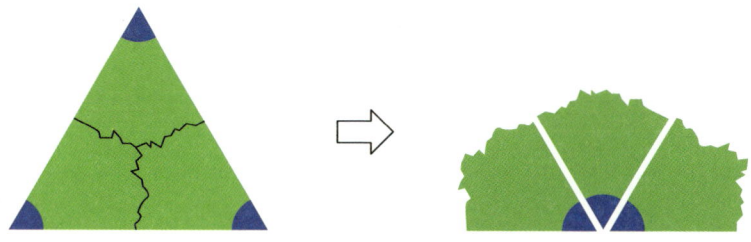

　위에서 본 것처럼 삼각형 세 각을 잘라 세 꼭짓점이 한 곳에 모이도록 붙여 보면 세 각이 일직선을 이룹니다. 일직선은 180도이므로 세 각의 합은 180도가 됨을 알 수 있습니다.

　그럼 모든 삼각형이 세 각을 합하면 항상 180도가 될까요? 놀랍게도 삼각형이 어떻게 생겼든, 크든 작든, 모든 삼각형의 세 각의 합은 항상 180도가 됩니다.
　이런 사실을 알고 있으면 편리합니다. 삼각형 두 각의 크기만 알고 있으면 나머지 한 각의 크기는 계산해 낼 수 있으니까요.

4 사각형

수학 2-1 2. 여러 가지 도형
수학 3-1 2. 평면도형 · 수학 4-2 4. 사각형

아래에서 네 개의 선분으로 둘러싸인 도형을 모두 찾아봅시다.

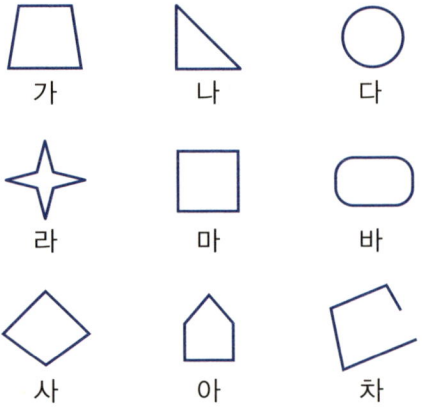

네 개의 선분으로 둘러싸인 도형은 가, 마, 사입니다. 이처럼 **사각형**은 변 네 개와 꼭짓점 네 개, 각 네 개로 이루어진 도형입니다.

5 사각형의 종류

수학 2-1 2. 여러 가지 도형
수학 3-1 2. 평면도형 · 수학 4-2 4. 사각형

직사각형

아래에서 직각을 찾아 표시하고, 직각의 수에 따라 도형을 나누어 봅시다.

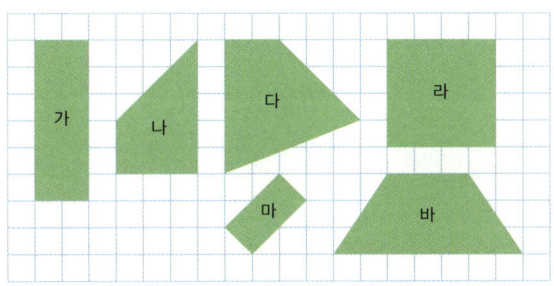

직각의 수	0개	1개	2개	3개	4개
기호	바	다	나	없음	가, 라, 마

위 사각형에서 직각이 모두 4개인 사각형은 가, 라, 마입니다. 이처럼 네 각이 모두 직각인 사각형을 직사각형이라고 합니다.

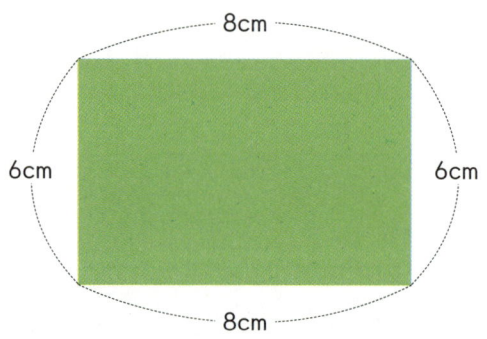

직사각형에는 어떤 특징이 있을까요?

직사각형은 네 각이 모두 직각입니다.

직사각형은 마주보는 두 변의 길이가 같습니다.

직사각형은 두 대각선의 길이도 같습니다.

정사각형

다음 도형에서 네 각이 모두 직각이고 동시에 네 변의 길이가 모두 같은 사각형을 찾아봅시다.

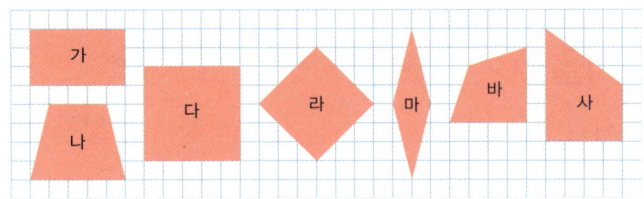

위 사각형 중에서 네 각이 모두 직각이고 네 변의 길이가 모두 같은 사각형은 다, 라입니다. 이런 사각형을 정사각형이라고 합니다.

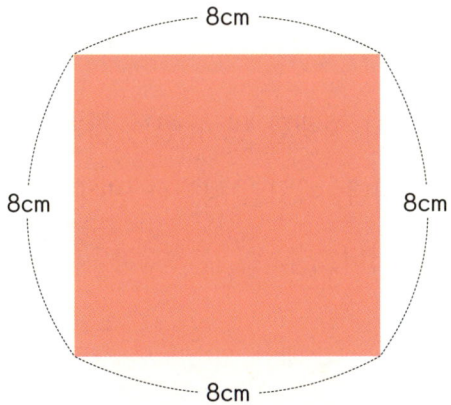

정사각형에는 어떤 특징이 있을까요?

정사각형은 네 각이 모두 직각입니다.
정사각형은 네 변의 길이가 모두 같습니다.
정사각형은 두 대각선의 길이도 같습니다.

사다리꼴

다음 사각형을 평행한 변이 있는 사각형과 평행한 변이 없는 사각형으로 나누어 봅시다.

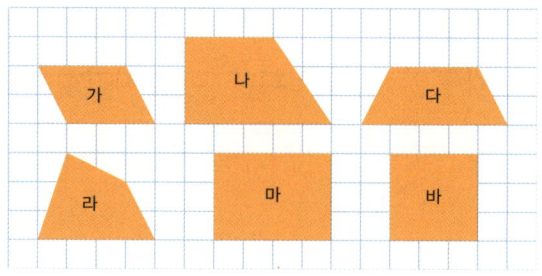

위 사각형 중에서 평행한 변이 있는 사각형은 사각형 가, 나, 다, 마, 바입니다. 이처럼 평행한 변이 있는 사각형을 사다리꼴이라고 합니다.

사다리꼴의 특징은 무엇일까요?

사다리꼴은 사각형이어야 합니다.

사다리꼴은 한 쌍의 변만 평행해도 됩니다. 그러니 두 쌍 모두 평행한 사각형도 당연히 사다리꼴입니다.

평행사변형

다음 사각형 중 마주 보는 두 쌍의 변이 서로 평행한 사각형을 모두 찾아봅시다.

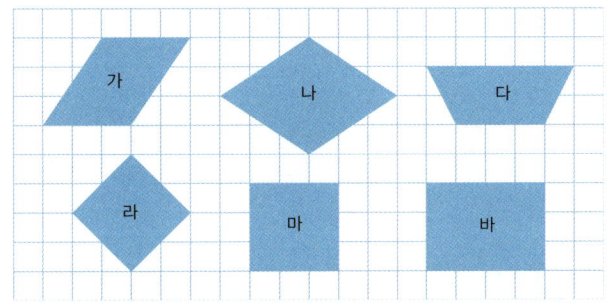

위 사각형 중에서 사각형 가, 나, 라, 마, 바는 마주 보는 두 쌍의 변이 서로 평행합니다. 이런 사각형을 평행사변형이라고 합니다.

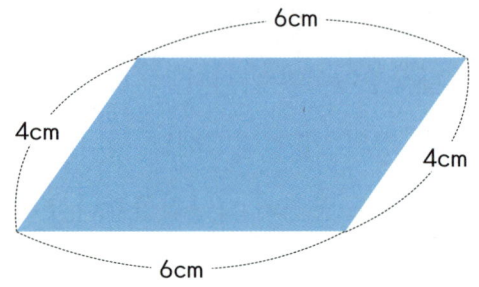

평행사변형의 성질을 알아봅시다.

평행사변형은 마주 보는 두 쌍의 변이 서로 나란합니다.

평행사변형은 마주 보는 두 변의 길이가 같습니다.

평행사변형은 마주 보는 두 각의 크기도 같습니다.

평행사변형은 이웃한 두 각의 크기를 더하면 180도입니다.

마름모

다음에서 네 변의 길이가 모두 같은 사각형을 찾아봅시다.

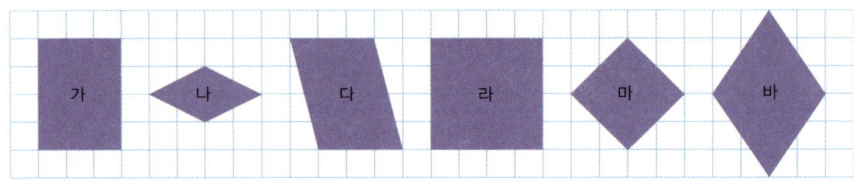

위 사각형 중 나, 라, 마, 바는 네 변의 길이가 모두 같은

사각형입니다. 이런 사각형을 마름모라고 합니다.

마름모의 성질을 알아봅시다.

마름모는 네 변의 길이가 모두 같습니다.

마름모는 마주 보는 두 쌍의 변이 서로 나란합니다.

마름모는 마주 보는 두 각의 크기가 같습니다.

마름모는 이웃한 두 각의 크기를 합하면 180도가 됩니다.

마름모의 두 대각선은 서로 같은 크기로 나눕니다.

 다각형

수학 4-2 6. 다각형

다음에서 선분으로만 둘러싸인 도형을 찾아봅시다.

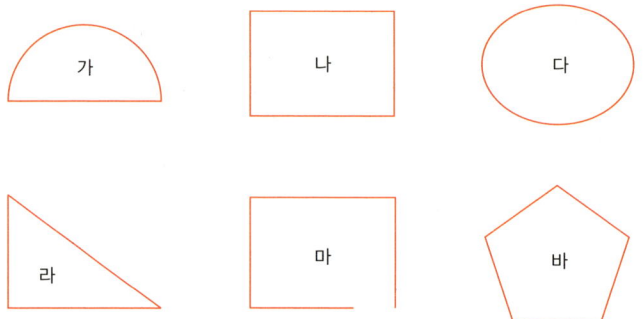

위 도형 중에서 선분으로만 둘러싸인 도형은 나, 라, 바입니다. 이렇게 선분으로만 둘러싸인 도형을 다각형이라고 부릅니다.

삼각형과 사각형도 선분으로 둘러싸여 있으므로 다각형입니다.

다음 다각형을 변의 수에 따라 나누어 봅시다.

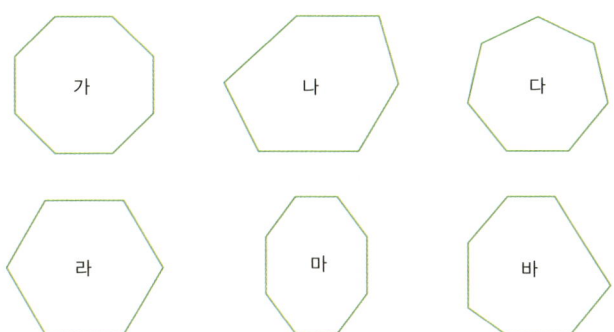

변의 개수	6개	7개	8개
도형의 기호	나, 라	다, 바	가, 마

다각형은 변의 수에 따라 육각형, 칠각형, 팔각형 등으로 이름 붙였죠.

나와 라는 변이 6개이므로 육각형이라고 부릅니다.

다와 바는 변이 7개이므로 칠각형이라고 부릅니다.

가와 마는 변이 8개이므로 팔각형이라고 부릅니다.

정다각형

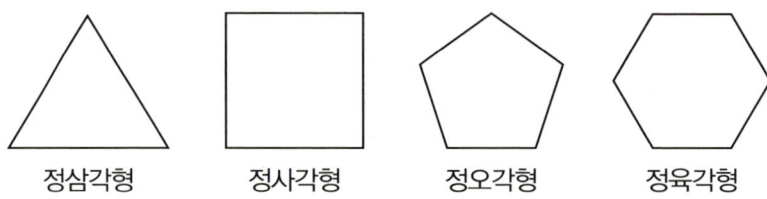

위 다각형은 변의 길이가 모두 같고, 각의 크기도 모두 같습니다. 이런 다각형을 한꺼번에 부를 때 정다각형이라고 합니다.

벌집에서 정육각형 모양을 볼 수 있고, 축구공에서 정오각형과 정육각형이 섞여 있는 모습을 볼 수 있습니다.

7 원

수학 3-2 3. 원

우리가 동그라미라고 부르는 원은 어떤 도형일까요?

원이란 '한 점에서 같은 거리에 있는 점들로 이루어진 도형'이라고 정의합니다.

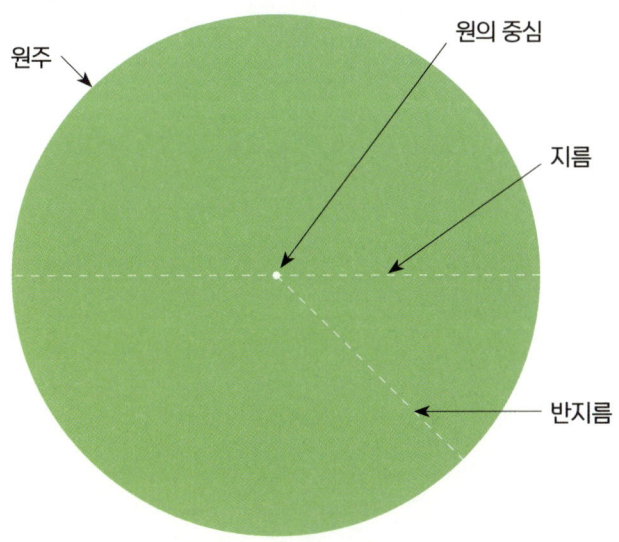

원의 중심: 원의 한가운데 있는 점

원주: 원둘레 길이

지름: 원의 중심과 원둘레 위의 두 점을 지나는 가장 긴 선분

반지름: 지름의 반

부채꼴: 원의 일부분으로 이루어진 부채 모양의 도형

8 원주율

수학 6-5 5. 원의 넓이

원주율은 원둘레가 지름보다 얼마나 큰지 비율로 나타낸 것을 말해요. 지름과 원주 사이에 특별한 관계가 있다는 것을 알게 된 수학자들은 원주가 지름보다 정확히 얼마나 긴지 궁금했습니다. 그래서 열심히 탐구하게 되었지요. 원주는 지름보다 몇 배나 더 길까요? 그리고 어떻게 이 문제를 탐구했을까요?

고대 이집트인

농사 지을 땅을 정리하는 문제로 측량술이 발달했던 고대 이집트에서도 원의 지름과 원주 사이에 어떤 관계가 있는지 매우 궁금해했습니다. 지금으로부터 약 4천여 년 전, 초기 이집트인들은 땅에 직접 원을 그린 뒤 실로 지름과 원주의 길이를 재서 비교해 봤어요.

그 결과 원둘레는 지름보다 3배 하고도 $\frac{1}{7}$ 정도 더 길다는 것을 알게 되었습니다. 약 3.142857배 정도이지요. 여러분들도 집에 있는 동그란 물건의 지름과 원주를 재어 견주어 보세요. 정확하지는 않아도 대강은 알 수 있지요.

다각형법

원의 안팎에 도형을 붙여 그려 원주를 어림잡아 본 사람들이 있습니다. 기원전 3세기경 아르키메데스는 원의 안쪽과 바깥쪽에 정다각형을 그려 다각형 둘레의 길이를 구한 뒤, 원주가 어느 정도 되는지를 어림잡아 봤습니다.

다음 그림들을 살펴봅시다. 원주는 안쪽에 붙어 있는 도형의 둘레 길이보다는 길고, 바깥쪽에 붙어 있는 도형의 둘레 길이보다는 짧습니다.

그림에서 보는 것처럼 각이 많은 다각형을 그리면 좀 더 정확하게 예측할 수 있었지요.

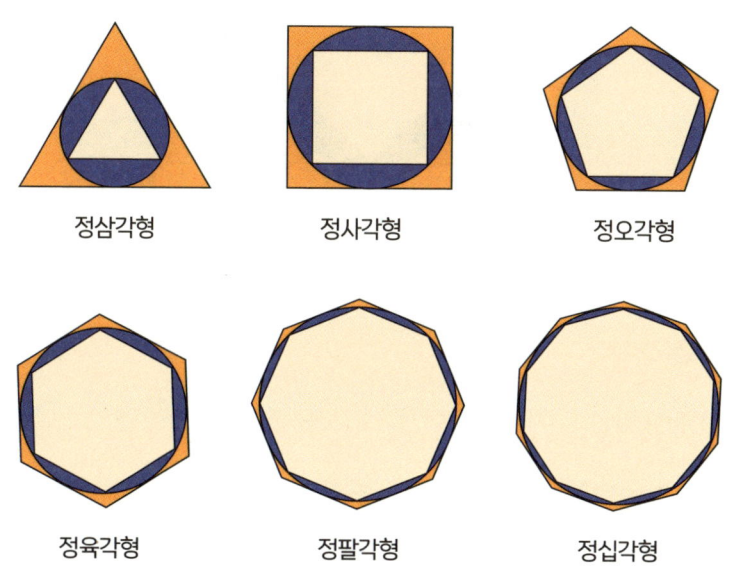

안쪽 정다각형 < 원주 < 바깥쪽 정다각형

정사각형

지름이 1인 원을 그린 뒤 원주의 안과 밖에 붙는 정사각형을 그리면 원주는 2.8보다는 길고 4보다는 짧은 것을 알 수 있습니다.

2.8 〈 원주율 〈 4

정육각형

정육각형을 그려 계산하면 정사각형으로 계산했을 때보다 조금 더 정확한 값을 얻을 수 있습니다.

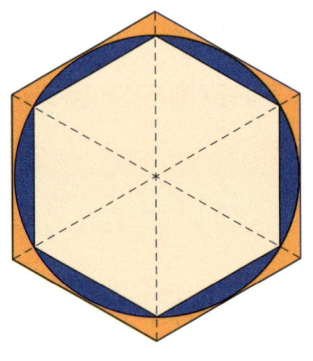

3 〈 원주율 〈 3.46

정 96각형

이런 방식으로 정 96각형을 그려 원주율이 $3\frac{10}{71}$ < 원주율 < $3\frac{10}{70}$ 이라는 사실을 알아냈어요. 이를 소수로 바꾸면 3.1408 < 원주율 < 3.1428이 되어 대략 3.1418이라고 생각했지요. 이 수치는 지금 우리가 쓰고 있는 3.14와도 매우 가깝습니다.

좀 더 정확한 원주율을 알아보려면 어떻게 해야 할까요? 정 96각형보다 더 각이 많은 정다각형으로 끊임없이 늘리면 되겠죠?

그 뒤로 여러 나라 수학자들이 정확한 원주율 구하기에 도전했고, 컴퓨터가 발명되고 나서는 소수점 수억 자리까지도 계산해 냈습니다. 하지만 아직도 정확한 원주율 값은 아무도 모릅니다. 왜냐고요? 원주율은 끝없이 나누어도 떨어지지 않는 수라는 것이 밝혀졌으니까요.

> 더 알아보기

수학자의 원주율 연구

원주율은 원의 둘레가 지름의 몇 배인지 알아본 것입니다. 모든 원의 원주율은 똑같습니다. 이 원주율은 수학에서 굉장히 중요한 개념으로 원주율 값을 정확하게 계산하는 것은 매우 어렵습니다. 역사적으로도 많은 수학자들이 원주율 값을 계산하려고 노력해 왔으며, 이러한 노력이 수학의 발전에 큰 영향을 미쳤습니다.

원주율은 π(파이)라는 기호로 표기됩니다. π라고 표시하는 까닭은 그리스어로 둘레를 뜻하는 'περιμετρος'의 첫 글자에서 따온 것으로, 누가 처음 사용했는지 확실하지는 않으나 18세기 스위스의 수학자인 오일러가 쓰기 시작한 뒤부터 다른 학자들도 이 표현을 따랐다고 합니다.

기원전 약 1700년 전에 기록되었을 것으로 추측되는 고대 이집트의 파피루스에는 "원의 넓이를 구하려면, 지름의 9분의 1을 뺀 후 그것을 제곱한다."라고 되어 있는데, 이 방식을 따라서 계산하면 원주율이 약 3.16049…가 됩니다.

소수 둘째 자리까지의 정확한 원주율을 처음으로 계산해 낸 이는 그리스 수학자 아르키메데스입니다. 다각형들을 원에 맞게 그려 가면서 원주율을 계산한 결과, $3\frac{10}{71}$보다는 크고, $3\frac{10}{70}$보다는 작다는 사실을 알아냈습니다. 즉 π = 3.14…라는 값을 밝힌 것이며, 이 값은 오늘날까지도 널리 쓰이고 있습니다.

한편 고대 중국에서도 원주율에 관한 기록이 있습니다. 기원전 200년경에 쓰여진 중국 최초의 수학책 《구장산술》에는 원주율의 값을 약 3으로 봤고, 3세기쯤에는 중국의 수학자 유휘가 아르키메데스보다 훨씬 더 정밀한 원주율 값을 계산했습니다. 그 뒤 5세기 후반 송나라의 조충지와 그의 아들 조항지는 아르키메데스의 다각형법으로 3.1415926이라는 원주율의 값을 구했는데, 이 값은 1천 년 동안 가장 정확한 값이 되었습니다.

이후 독일의 수학자 루돌프는 거의 평생을 바쳐서 소수점 아래 35자리까지의 원주율을 계산했습니다. 17세기 말에는 뉴턴과 라이프니츠에 의해 미적분법이 개발된 다음, 수학자들은 이를 이용하여 한결 수월하게 원주율을 계산할 수 있게 되었습니다.

손으로 가장 긴 원주율을 계산해 낸 사람은 영국의 수학자 윌리엄 샹크스인데, 1873년경에 소수점 이하 707자리까지 계산했다고 합니다. 그러나 20세기 이후 이 값을 검산해 본 결과, 소수점 이하 528자리까지는 정확히 맞았으나 그 뒤부터는 틀렸다는 사실이 밝혀졌답니다.

현대에 이르러서는 컴퓨터 덕분에 원주율 값을 더욱 정확하게 계산할 수 있게 되었습니다. 지금의 결과를 얻기까지 수많은 수학자와 과학자들의 피땀 어린 노력이 수천 년 동안 이어졌으며, 이는 곧 오늘날의 수학과 과학 문명을 이루게 한 원동력이 되었음을 잊지 말아야 할 것입니다. 그래서 해마다 3월 14일을 'π데이'라고 정해서 이를 기념하고 있답니다.

6장
평면도형의 넓이

우리는 생활 속에서 여러 가지 도형을 접하며 살고 있습니다.
여러 가지 평면도형의 넓이를 잴 때, 가장 중요한 게 무엇일까요?
단위 넓이를 알면 도형의 넓이 계산은 아주 쉽게 풀린답니다.

1 직사각형의 넓이

수학 5-1 6. 다각형의 둘레와 넓이

평면도형의 넓이는 도형 속에 단위 넓이가 얼마나 들어가는지를 구하면 됩니다. 따라서 직사각형 넓이 측정은 아주 쉽습니다. 직사각형 속에 단위 넓이가 몇 개 들어가는지 세면 되니까요.

단위 넓이($1cm^2$)

가로가 3cm 세로가 2cm인 직사각형 모양 카드가 있습니다. 이 카드의 넓이는 몇 cm^2가 될까요? 이 직사각형 안에 단위 넓이인 $1cm^2$가 몇 개나 들어갈까요?

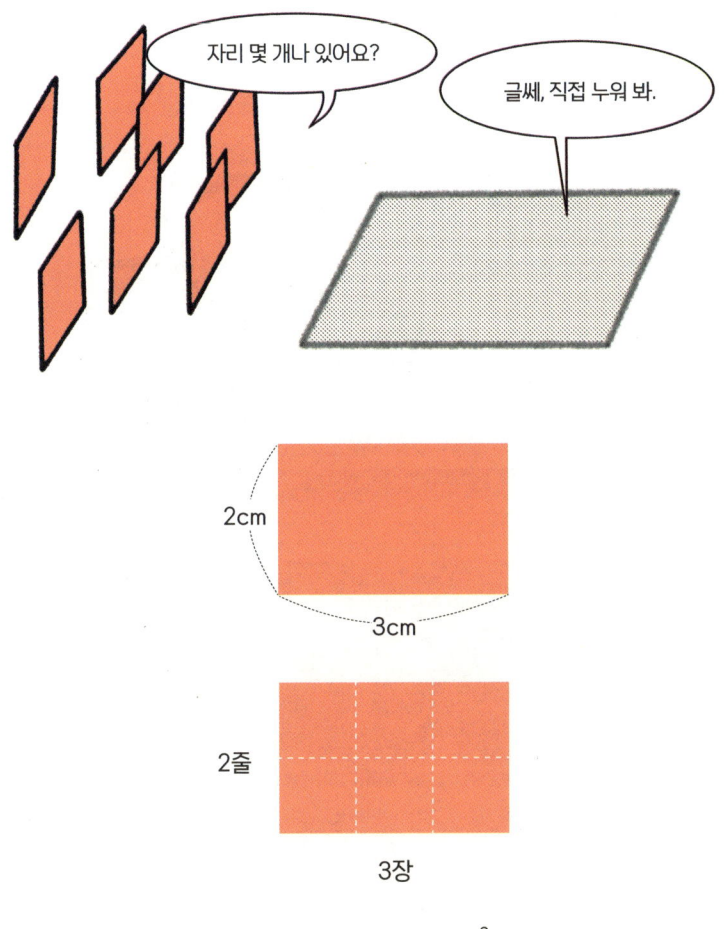

가로가 3cm 세로가 2cm인 직사각형 안에는 단위 넓이인 $1cm^2$가 6장 들어갑니다. 따라서 넓이는 $6cm^2$가 됩니다.

가로 5cm 세로 3cm인 직사각형 모양의 색종이가 있습니다. 이 색종이의 넓이는 얼마일까요?

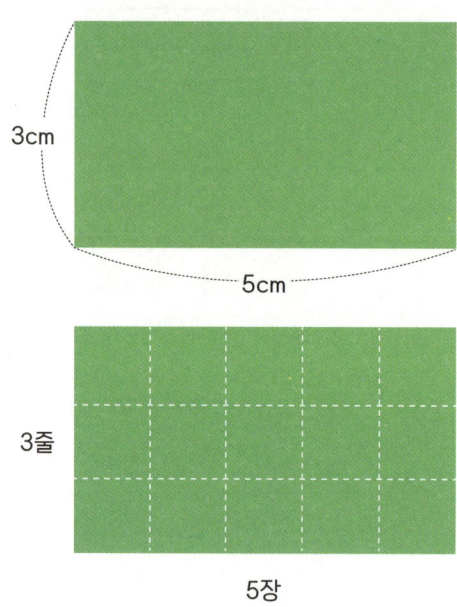

5장 × 3줄 = 15장 = 15cm²

이 색종이 안에는 1cm² 짜리 단위 넓이가 15장 들어가므로 넓이는 15cm² 가 됩니다.

직사각형 넓이 = 가로 길이 × 세로 길이로 계산하는 까닭은 직사각형 안에 얼마나 많은 단위 넓이가 들어가는지 알아보기 위해서입니다. 넓이 계산식이 이렇게 되는 까닭을 이제 설명할 수 있겠지요?

직사각형 넓이 = 가로 길이 × 세로 길이

다음 직사각형 넓이를 계산해 봅시다.

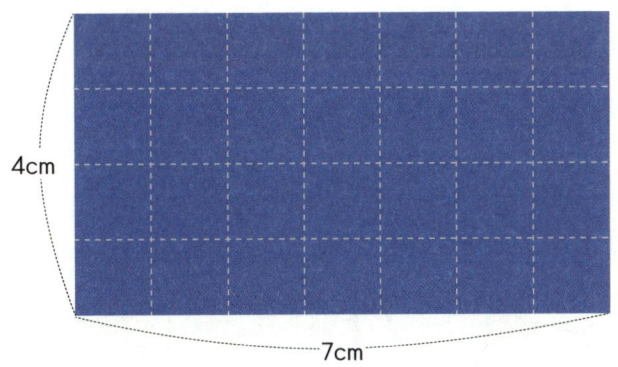

직사각형 넓이 = 가로 길이 × 세로 길이
  = 7cm × 4cm
  = 28cm²

② 정사각형의 넓이

수학 5-1 6. 다각형의 둘레와 넓이

이제 정사각형 넓이는 어렵지 않게 구할 수 있습니다. 다음 정사각형 안에 단위 넓이가 몇 장 들어가는지 계산해 봅시다.

정사각형 모양 욕실 타일이 있습니다. 한 변의 길이가 7cm이면 타일 한 장의 넓이는 몇 cm^2가 될까요?

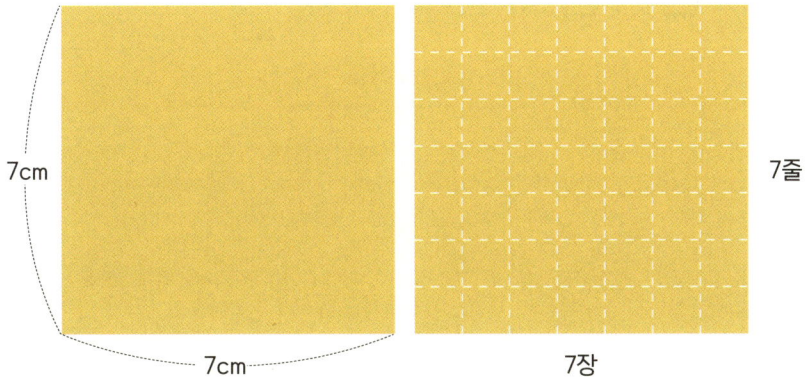

한 변의 길이가 7cm인 정사각형에는 단위 넓이인 $1cm^2$가 가로 7장 세로 7장 들어갑니다.

7장 × 7줄 = 49장 = $49cm^2$

따라서 타일 한 장의 넓이는 $49cm^2$입니다.

정사각형 속에는 양변의 길이를 곱한 값만큼의 단위 넓이가 들어갑니다. 그래서 정사각형의 넓이 공식은 다음과 같습니다.

정사각형 넓이 = 한 변 길이 × 한 변 길이

3 삼각형의 넓이

수학 5-1 6. 다각형의 둘레와 넓이

직사각형 안에는 정사각형 모양인 단위 넓이가 빈틈없이 꼭 맞물려 들어갑니다. 그런데 삼각형 넓이를 구할 때 문제가 있습니다. 삼각형은 세모 모양이어서 네모 모양 단위 넓이와 정확하게 들어맞지 않습니다.

어떻게 해결하면 좋을까요?

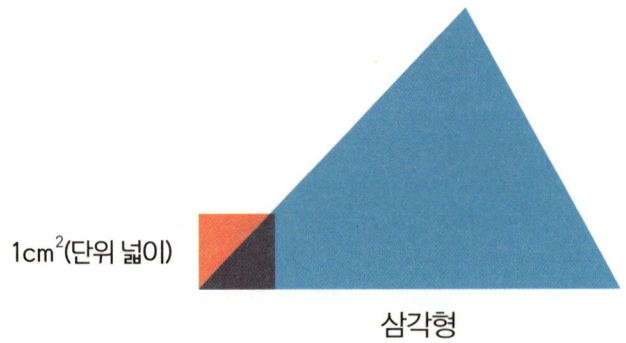

삼각형이 단위 넓이와 꼭 들어맞지 않는 것을 해결하기 위해 사람들은 다음과 같은 새로운 방법을 생각해 냈습니다. 하나의 삼각형에 크기와 모양이 똑같은 또 다른 삼각형을 임시로 덧붙여 직사각형을 만듭니다.

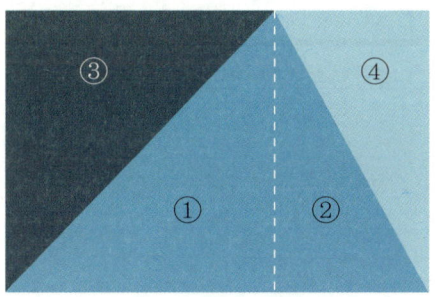

위 그림에서 ①은 ③과 같고, ②는 ④와 같기 때문에 삼각형 넓이가 2배로 늘어납니다. 이 직사각형 넓이를 구해 반으로 나누는 방법이지요.

밑변이 6m, 높이가 4m인 삼각형 모양의 꽃밭 넓이를 구해 봅시다.

6장 평면도형의 넓이

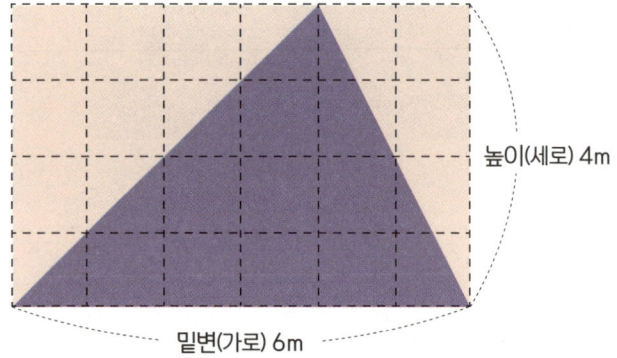

* 삼각형 밑변 = 직사각형 가로, 삼각형 높이 = 직사각형 세로

사각형은 가로 6m, 세로 4m의 직사각형 모양입니다.

직사각형 넓이: 6장 × 4줄 = 24장 = 24m²

삼각형 꽃밭 넓이: (6 × 4) ÷ 2 = 24 ÷ 2 = 12m²

이처럼 삼각형 넓이는 직사각형 모양으로 만들어 넓이를 구한 다음, 이를 다시 반으로 나눕니다. 그래서 탄생한 식이 다음과 같습니다.

삼각형 넓이=밑변 길이×높이÷2

다음 삼각형 넓이를 계산해 봅시다.

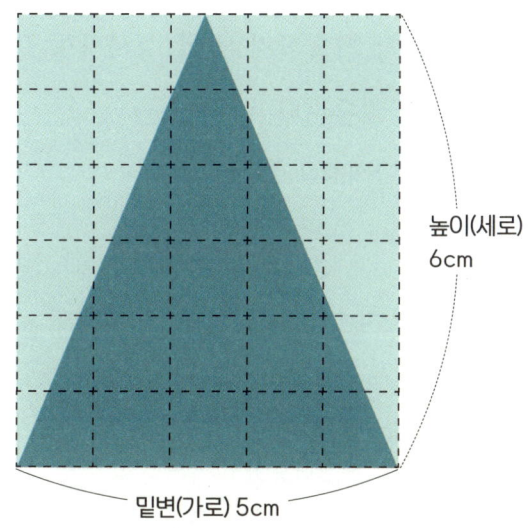

삼각형 넓이 = 밑변의 길이 × 높이 ÷ 2
　　　　　= 5cm × 6cm ÷ 2
　　　　　= 15cm^2

4 평행사변형의 넓이

수학 5-1 6. 다각형의 둘레와 넓이

평행사변형도 변이 기울어져 있어 정사각형 모양인 단위 넓이와 꼭 들어맞지 않습니다.

어떻게 해결해야 할까요?

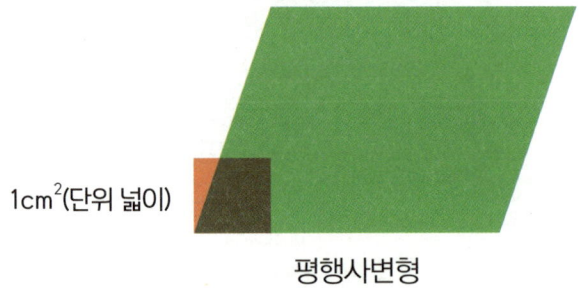

평행사변형

평행사변형도 모양을 조금 바꿔 보면 간단하게 직사각형 모양으로 만들 수 있습니다.

밑변이 5cm이고 높이가 3cm인 평행사변형의 넓이를 구해 봅시다.

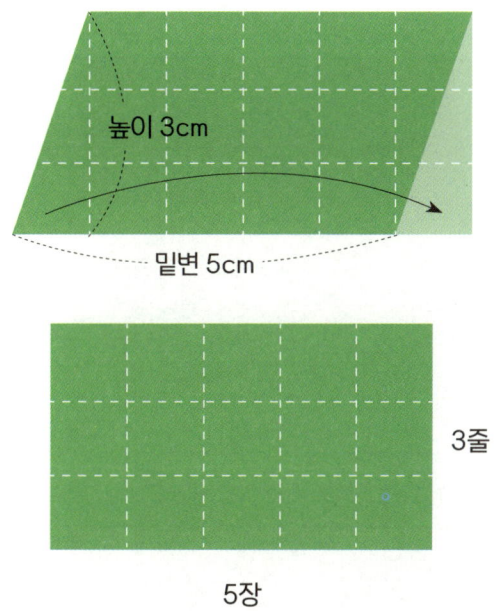

*평행사변형 밑변 = 직사각형 가로, 평행사변형 높이 = 직사각형 세로

평행사변형 일부를 잘라 다른 곳에 갖다 붙이면 직사각형 모양이 됩니다. 이렇게 만든 직사각형의 넓이는 처음의 평행사변형 넓이와 같습니다.

평행사변형 넓이 = 직사각형 넓이
$= 5장 \times 3줄 = 15장 = 15\text{cm}^2$

평행사변형 넓이=밑변 길이×높이

다음 평행사변형 넓이를 계산해 봅시다.

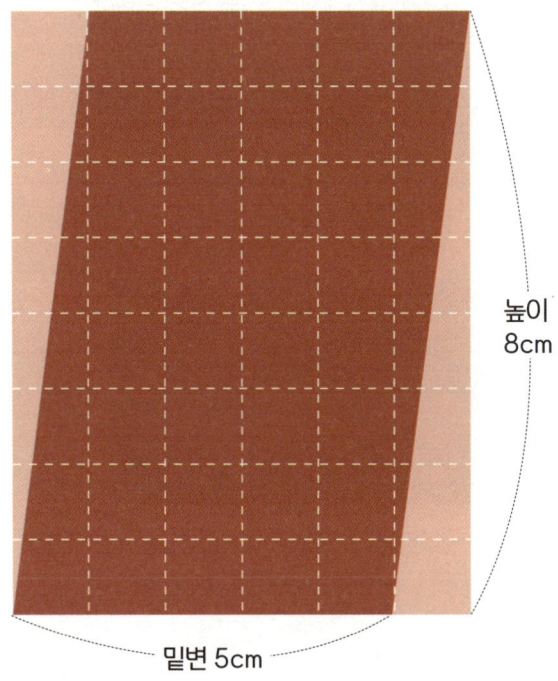

평행사변형 넓이 = 밑변의 길이×높이

$\quad\quad\quad = 5\text{cm} \times 8\text{cm}$

$\quad\quad\quad = 40\text{cm}^2$

⑤ 사다리꼴의 넓이

수학 5-1 6. 다각형의 둘레와 넓이

사다리꼴 모양도 정사각형의 단위 넓이와 꼭 맞물리지 않는 것은 마찬가지입니다.

그럼 사다리꼴 넓이는 어떻게 구할까요?

사다리꼴

사다리꼴은 모양과 크기가 같은 사다리꼴을 하나 더 붙여서 구할 수 있습니다.

윗변이 3cm, 아랫변이 6cm, 높이가 4cm인 사다리꼴의 넓이를 구해 봅시다.

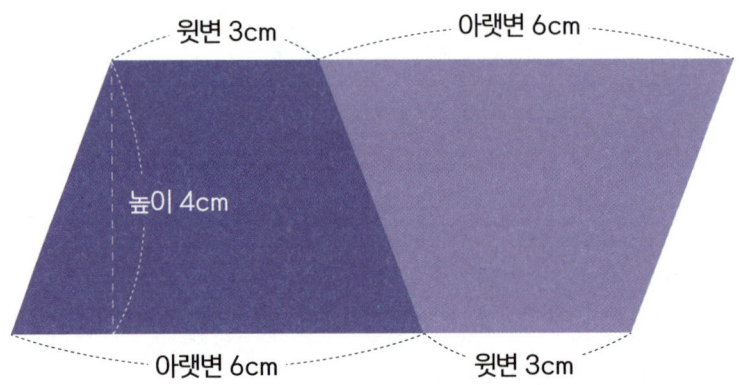

똑같은 사다리꼴 2개를 돌려 붙이면 평행사변형 모양이 됩니다. 이 평행사변형의 넓이를 구해 반으로 나누면 됩니다. 평행사변형 넓이 구하는 법은 앞쪽에서 배웠습니다.

평행사변형 넓이 = (밑변 길이) × (높이)
$$= (6+3) \times 4 = 36장 = 36 cm^2$$
사다리꼴 넓이: $36 \div 2 = 18 cm^2$

이렇게 해서 사다리꼴 넓이 구하는 식이 나온 것입니다.

사다리꼴 넓이=(윗변 길이+아랫변 길이)×높이÷2

다음 사다리꼴의 넓이를 계산해 봅시다.

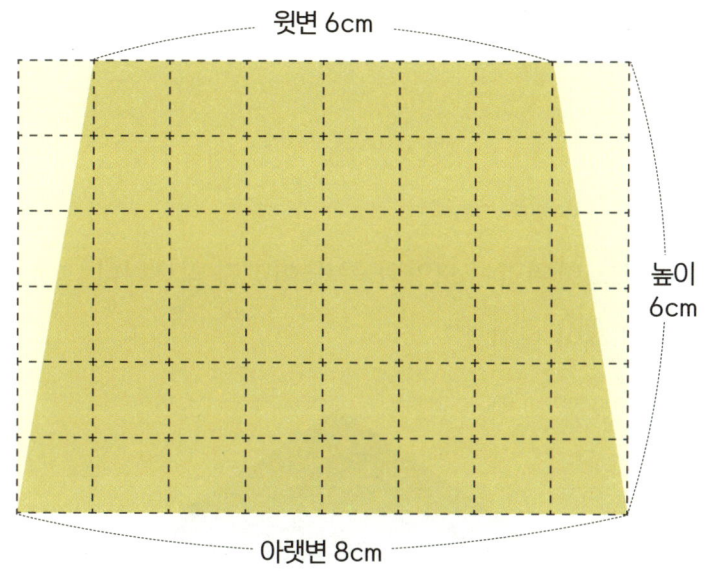

사다리꼴 넓이 = (윗변의 길이 + 아랫변의 길이)×높이÷2
= (6cm + 8cm)×6cm÷2
= 42cm^2

6 마름모의 넓이

수학 5-1 6. 다각형의 둘레와 넓이

마름모도 단위넓이 모양과 꼭 들어맞지 않습니다.
어떻게 해야 할까요?

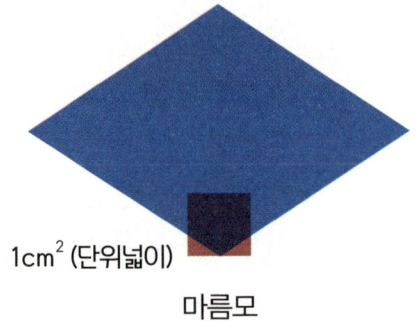

1cm^2 (단위넓이)

마름모

마름모는 마름모를 2배로 늘려 직사각형 모양으로 만들어 넓이를 구한 후 반으로 줄이면 됩니다.

아래 마름모 넓이를 구해 봅시다.

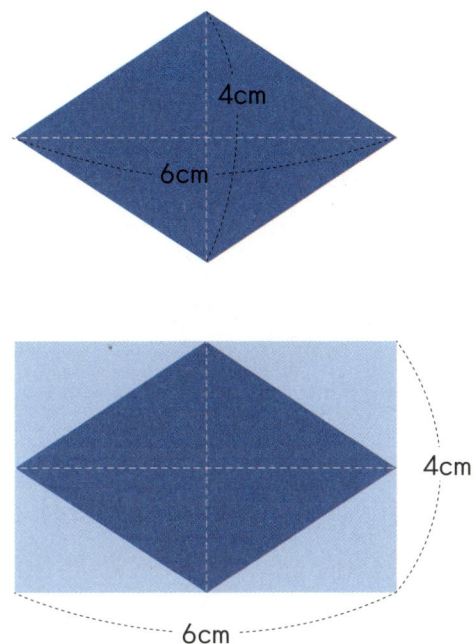

직사각형 넓이: 6cm × 4cm = 24장 = 24cm^2

마름모 넓이: 24 ÷ 2 = 12cm^{2}입니다.

이렇게 해서 마름모 넓이 공식은 다음과 같습니다.

마름모 넓이=한 대각선 길이×다른 대각선 길이÷2

다음 마름모 넓이를 계산해 봅시다.

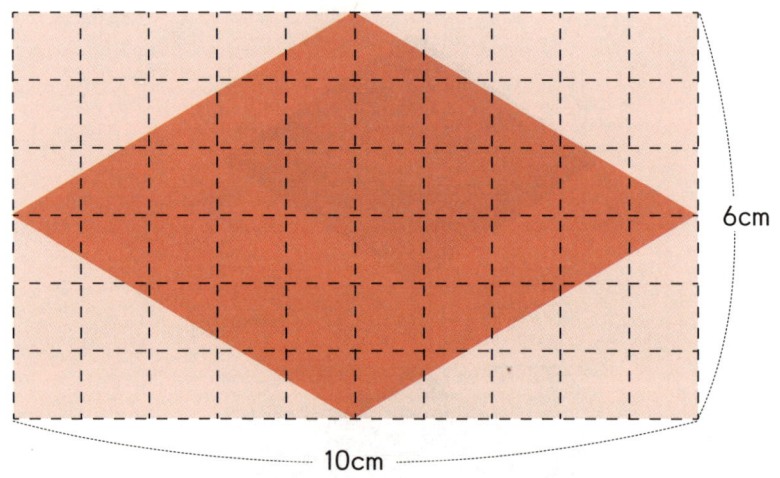

마름모 넓이 = 한 대각선 길이 × 다른 대각선 길이 ÷ 2
 = 10cm × 6cm ÷ 2
 = 30cm^2

7 원의 넓이

수학 6-2 5. 원의 넓이

원의 넓이를 재고 싶은데 문제가 있습니다. 여러분은 이제 그 문제가 무엇인지 알고 있어요.

맞습니다. 넓이를 재는 자인 '단위 넓이'와 둥근 모양인 '원'이 빈틈없이 들어맞지 않습니다.

어떻게 해야 할까요?

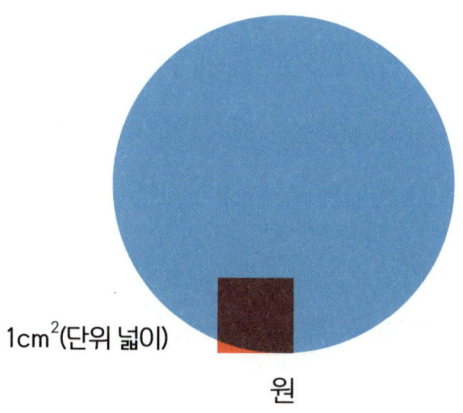

1cm²(단위 넓이)   원

고민을 거듭하던 수학자들은 한 가지 아이디어를 떠올렸습니다. 원을 잘게 잘라 직사각형 모양으로 바꾸는 것이었지요.

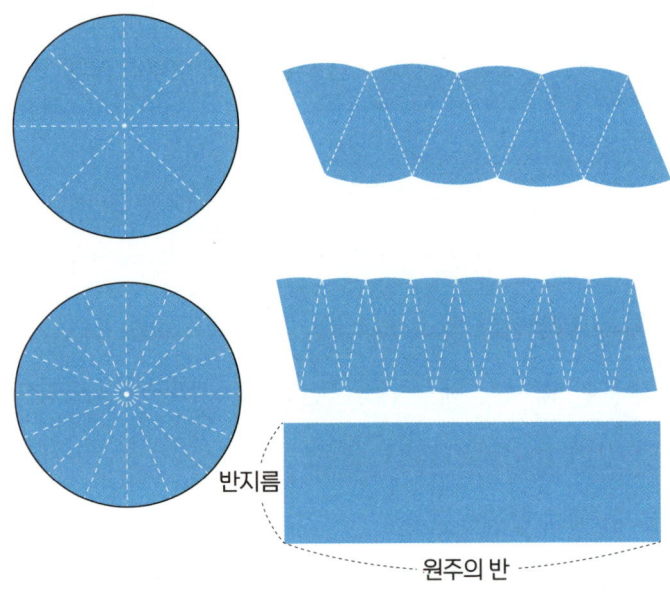

위와 같이 원을 아주 잘게 잘라 재배치하면 마지막에는 직사각형 모양으로 바뀐다는 것을 알게 되었어요.

이렇게 변형된 직사각형 안에 단위 넓이를 넣어 재면 빈틈 없이 넓이를 측정할 수 있지요. 직사각형의 넓이는 원래 원을 잘게 잘라 그대로 위치만 바꾼 것이므로 원과 같은 넓이가 되겠죠?

지름이 20cm인 원의 넓이를 구해 봅시다.

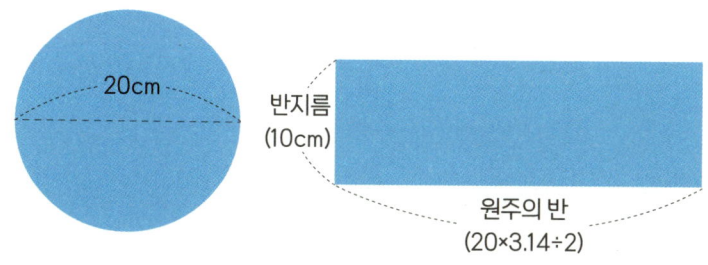

직사각형 가로 = 원주의 반 = 20 × 3.14 ÷ 2 = 10 × 3.14
직사각형 세로 = 반지름 = 10
원의 넓이 = 직사각형 넓이 = (가로) × (세로)
  = (10 × 3.14) × 10 = 10 × 10 × 3.14 = 314cm^2

이렇게 원의 넓이 구하는 식이 탄생했지요.

원의 넓이 = 반지름 × 반지름 × 3.14

물론 원을 아무리 잘게 잘라도 직사각형과 딱 들어맞지는 않겠지요. 원주율 또한 정확한 값은 아니라서 원의 넓이가 정확하게 구해졌다고 할 수 없습니다. 하지만 혹시 틀린 건 아닐까 걱정하지 마세요. 지구에 있는 모든 사람이 이 방법을 쓰고 있으니까요.

7장
입체도형

음료수병, 우유갑, 주전자, 수영장. 이들의 공통점은 무엇일까요?
모두 부피(들이)를 갖고 있다는 것입니다.
이렇게 공간에서 부피를 가지는 도형을 입체도형이라고 합니다.

1. 직육면체와 정육면체

수학 5-2 5. 직육면체

직육면체

아래 입체도형에서 직사각형 6개로 둘러싸인 도형을 모두 찾아봅시다.

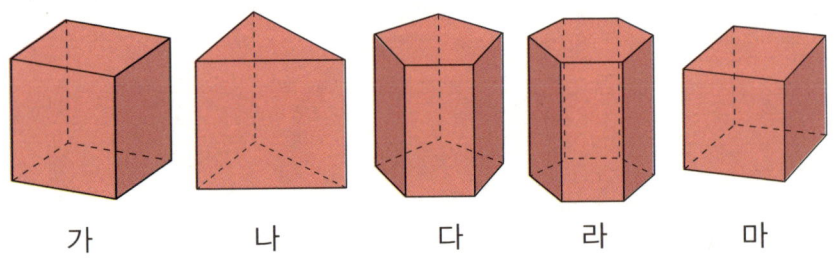

| 가 | 나 | 다 | 라 | 마 |

위 그림에서 직사각형 6개로 둘러싸인 도형은 **가, 마**입니다. 이와 같이 직사각형 6개로 둘러싸인 도형을 **직육면체**라고 합니다.

직육면체에서 선분으로 둘러싸인 부분을 면이라 하고, 면과 면이 만나는 선분을 모서리라고 합니다. 또 모서리와 모서리가 만나는 점을 꼭짓점이라고 합니다.

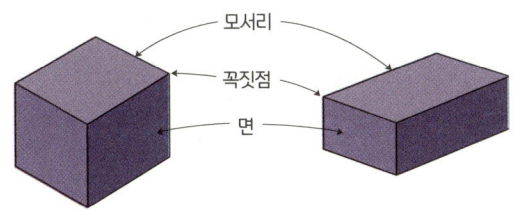

직육면체에서 서로 마주 보고 있는 면은 절대 만나지 않아요. 서로 평행하게 놓여 있어요. 이 평행한 두 면을 직육면체의 밑면이라고 합니다. 직육면체에는 평행한 면이 3쌍 있고 이 평행한 면은 각각 밑면이 될 수 있습니다. 또한 직육면체에서 밑면과 수직인 면을 옆면이라고 합니다. 옆면은 모두 4개입니다.

입체도형은 어느 방향에서 보아도 전체가 보이지 않아요. 보이는 곳과 보이지 않는 곳이 있어요. 그래서 직육면체의 모양을 제대로 알려면 보이는 곳뿐만 아니라 보이지 않는 곳도 표현해 주어야 합니다. 보이는 모서리는 실선으로 그리고 보이지 않는 모서리는 점선으로 그려서 직육면체의 모양을 나타냅니다. 이렇게 나타낸 그림을 겨냥도라고 합니다.

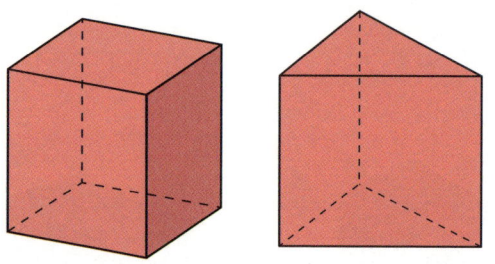

정육면체

정사각형 6개로 둘러싸인 도형을 정육면체라고 합니다. 우리가 쉽게 볼 수 있는 정육면체로는 주사위가 있지요.

정육면체는 6개의 면이 모두 정사각형이므로 모든 면의 크기가 같고, 모든 모서리의 길이도 같습니다.

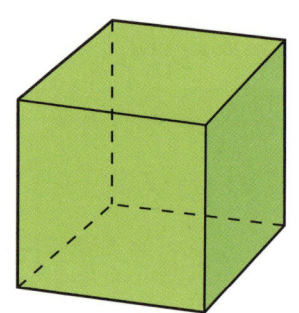

직육면체와 정육면체의 특징을 살펴보겠습니다.

	면의 수	모서리 수	꼭짓점의 수	면의 모양
직육면체	6	12	8	직사각형
정육면체	6	12	8	정사각형

정육면체를 직육면체라고 할 수 있을까요? 정사각형은 직사각형이기도 하니까 정육면체는 직육면체라고 할 수 있어요. 정육면체는 12개의 모서리 길이가 모두 같다는 게 직육면체와 다른 특징입니다.

2 각기둥과 각뿔

수학 6-1 2. 각기둥과 각뿔

각기둥

다각형으로 만들어진 도형 중 윗면과 아랫면이 서로 평행하고 합동(모양과 크기가 같음)인 다각형을 **각기둥**이라고 합니다.

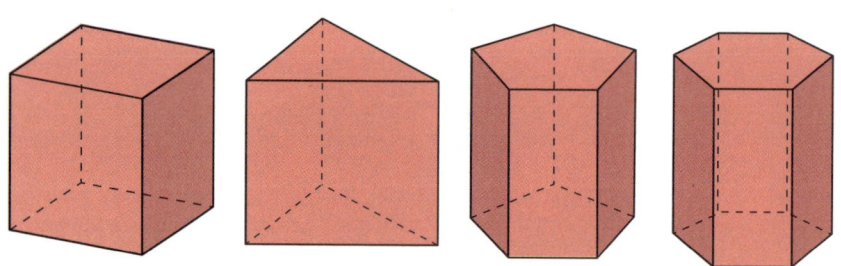

각기둥에서 윗면과 아랫면, 즉 서로 평행한 두 면을 **밑면**이라고 하고, 두 밑면과 수직으로 만나는 면을 **옆면**, 두 밑면

사이 거리를 높이라고 하지요. 각기둥의 옆면은 모두 직사각형입니다.

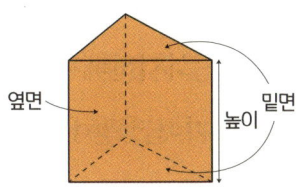

각기둥은 밑면의 모양에 따라 이름을 붙입니다. 밑면이 삼각형이면 삼각기둥, 밑면이 사각형이면 사각기둥, 밑면이 오각형이면 오각기둥, 밑면이 육각형이면 육각기둥입니다.

각뿔

피라미드와 같이 끝이 뾰족한 입체도형을 각뿔이라고 합니다. 각뿔은 밑면이 다각형이고 옆면은 삼각형으로 되어 있습니다.

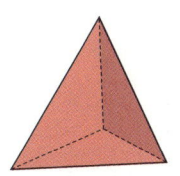 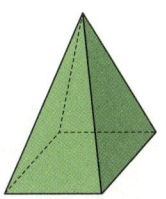 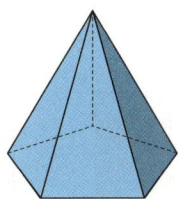

각뿔은 밑면의 모양에 따라 삼각뿔, 사각뿔, 오각뿔 등으로 부릅니다.

각뿔에도 꼭짓점과 모서리, 면이 있습니다. 옆면이 모두 만나는 점이 각뿔의 꼭짓점입니다. 이 각뿔의 꼭짓점에서 밑면에 수직으로 내린 선분의 길이를 높이라고 합니다.

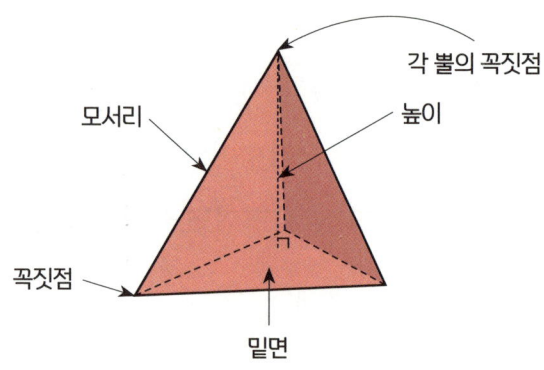

각기둥의 전개도

각기둥의 모서리를 잘라서 펼친 그림을 각기둥의 전개도라고 합니다.

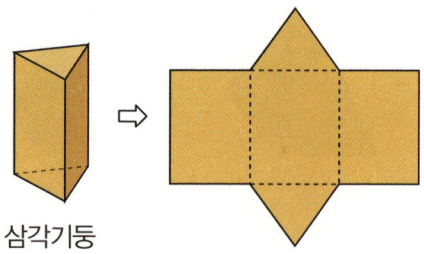

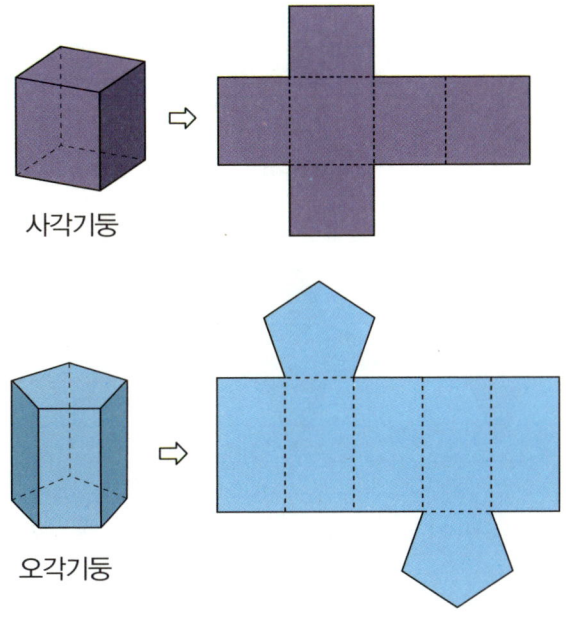

삼각기둥은 옆면이 3개, 사각기둥은 옆면이 4개, 오각기둥은 옆면이 5개입니다. 자른 위치에 따라 전개도 모양은 다양해지지만 옆면의 개수는 변하지 않습니다.

각뿔의 전개도

각뿔의 모서리를 잘라서 펼친 그림을 각뿔의 전개도라고 합니다.

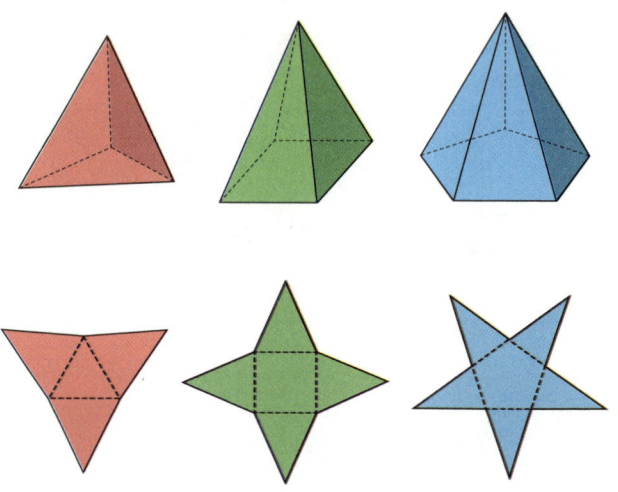

삼각뿔은 옆면이 3개, 사각뿔은 옆면이 4개, 오각뿔은 옆면이 5개입니다. 밑면을 이루는 다각형 변의 수만큼 옆면의 수가 있습니다.

각기둥과 각뿔의 꼭짓점, 면, 모서리의 수를 살펴봅니다.

	삼각기둥	사각기둥	오각기둥	삼각뿔	사각뿔	오각뿔
꼭짓점의 수	6	8	10	4	5	6
면의 수	5	6	7	4	5	6
모서리의 수	9	12	15	6	8	10
밑변의 모양	삼각형	사각형	오각형	삼각형	사각형	오각형

3 원기둥과 원뿔과 구

수학 6-2 6. 원기둥, 원뿔, 구

원기둥

직사각형의 한 변을 기준으로 회전시키면 둥근기둥 모양이 만들어집니다.

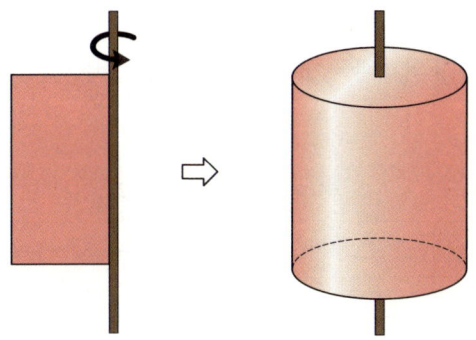

이렇게 둥근기둥 모양의 도형을 원기둥이라고 합니다. 윗면과 아랫면은 서로 크기가 같은 원 모양이고 평행합니다.

둥글게 옆을 둘러싼 면을 옆면, 두 밑면에 수직인 선분을 높이라고 합니다.

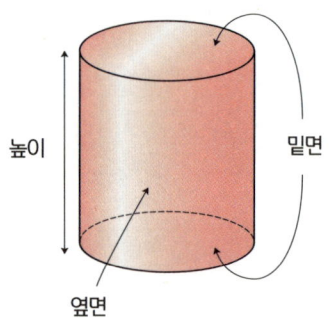

원기둥의 전개도

원기둥을 잘라서 펼친 뒤, 원기둥의 전개도를 살펴봅니다. 한 개의 직사각형과 두 개의 원이 나옵니다.

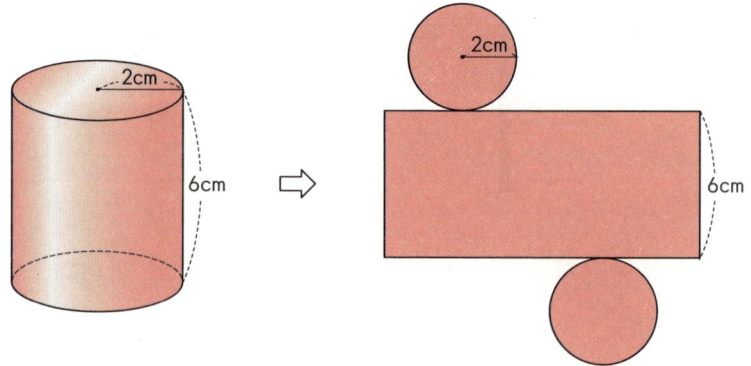

원기둥 전개도의 각 부분의 길이를 알 수 있을까요?

밑면인 원의 반지름과 원기둥의 높이는 아는데 직사각형의 가로 길이는 주어지지 않았습니다. 하지만 직사각형의 가로 길이는 밑면인 원의 둘레 길이와 같습니다.

밑면 둘레 길이는 원주이므로 구할 수 있어요.

원주 = 지름 × 원주율 = (반지름 × 2) × 원주율
     = (2cm × 2) × 3.14 = 12.56cm

직사각형의 가로 길이는 12.56cm가 됩니다.

원뿔

직각삼각형에서 직각을 만드는 한 변을 기준으로 회전시키면 둥근 뿔 모양이 만들어집니다.

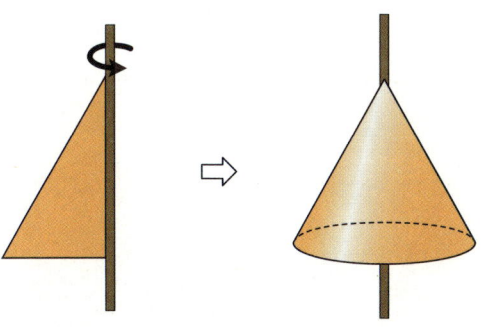

둥근 뿔 모양의 도형을 원뿔이라고 부릅니다. 원뿔에서 옆을 둘러싼 면을 옆면이라고 하고 아래 둥근 면을 밑면, 뾰족한 점을 원뿔의 꼭짓점, 꼭짓점과 밑면인 원의 둘레와 만나는 선분을 모선이라고 부릅니다. 그리고 꼭짓점과 밑면이 수직으로 만나는 선분의 길이가 높이입니다.

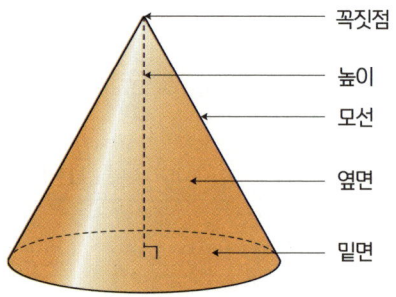

원뿔의 전개도

원뿔을 잘라서 펼쳐 봅니다. 원뿔의 전개도는 작은 원과 부채꼴 모양으로 이루어져 있습니다. 모선이 부채꼴의 반지름이 되고 원주가 부채꼴의 호의 길이가 됩니다.

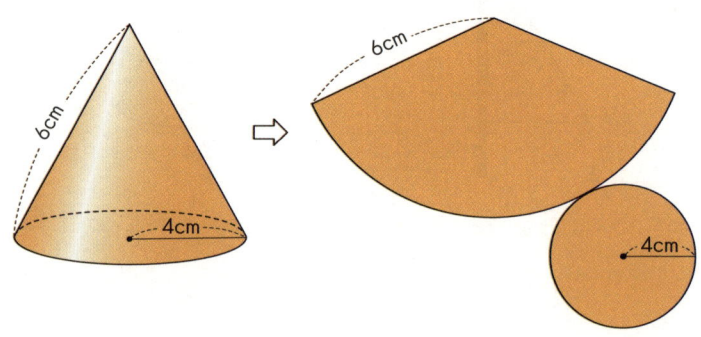

구

우리가 흔히 보는 공 모양을 구라고 합니다. 원의 반쪽을 기준으로 회전시키면 만들어지는 모양입니다.

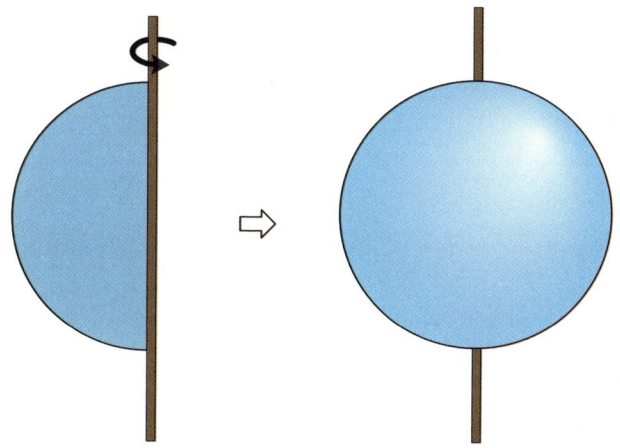

구의 가장 안쪽에 있는 점을 중심이라고 하고, 이 중심에서 구 표면 한 점을 잇는 선분을 반지름이라고 합니다.

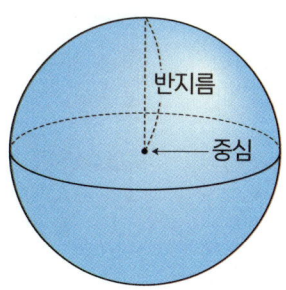

4 직육면체의 겉넓이와 부피

수학 6-1 6. 직육면체의 부피와 겉넓이

직육면체의 겉넓이

직육면체는 여섯 개의 사각형이 겉부분을 이루고 있습니다. 이 겉부분의 넓이의 합이 겉넓이입니다. 겉넓이는 전개도를 그려서 그 넓이를 구합니다.

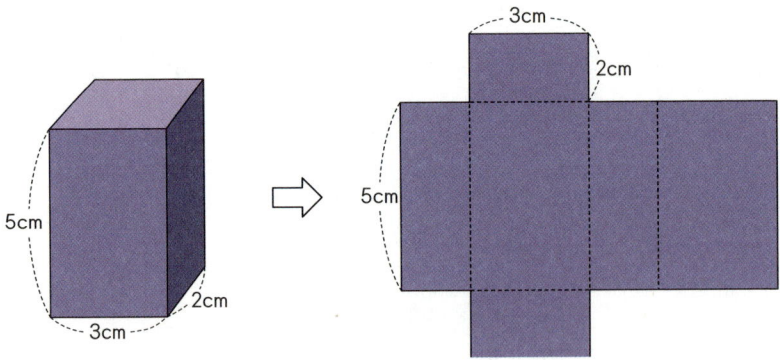

밑면은 가로 3cm, 세로 2cm인 직사각형 2개, 옆면은 가로가 밑면 직사각형의 둘레 길이이고 세로는 5cm이므로 밑넓이 2개와 옆넓이를 더하면 전체 겉넓이가 됩니다.

밑넓이 = 가로 길이 × 세로 길이 = 3cm × 2cm = 6cm^2
옆넓이 = 밑면의 둘레 × 높이
   = (3cm + 2cm) × 2 × 5cm = 50cm^2
겉넓이 = 6cm^2 × 2 + 50cm^2 = 62cm^2

따라서 직육면체를 포함한 모든 각기둥의 겉넓이를 구하는 식은 다음과 같습니다.

각기둥의 겉넓이 = (밑넓이 × 2) + 옆넓이

직육면체의 부피

직육면체 부피는 그 안에 들어가는 단위 부피 수를 계산하면 알 수 있습니다. 다음 직육면체의 부피를 구해 봅시다.

우리 학교 옥상에 가로 8m, 세로 5m, 높이 3m인 물탱크가 있습니다. 이 물탱크의 부피는 얼마나 될까요?

1층: $(8 \times 5) = 40$개

3개 층: $(8 \times 5 \times 3) = 120$개

물탱크 부피: $8 \times 5 \times 3 = 120$개 $= 120 m^3$

부피는 120m³가 됩니다.

이처럼 직육면체의 부피를 구할 때 (밑면 가로 길이)×(밑면 세로 길이)×(높이)를 하면 단위 부피가 몇 개 들어가는지 알 수 있습니다. 그래서 다음과 같은 식이 탄생했습니다.

직육면체 부피=가로 길이×세로 길이×높이

(가로)×(세로)는 직육면체의 (밑넓이)와 같습니다. 따라서 직육면체 부피 구하는 식을 다음과 같이 사용하기도 합니다.

직육면체 부피=밑넓이×높이

5 삼각기둥의 겉넓이와 부피

수학 6-1 2. 각기둥과 각뿔

삼각기둥의 겉넓이

앞에서 살펴본 모든 각기둥의 겉넓이는 밑넓이 2개와 옆넓이를 더해서 구합니다.

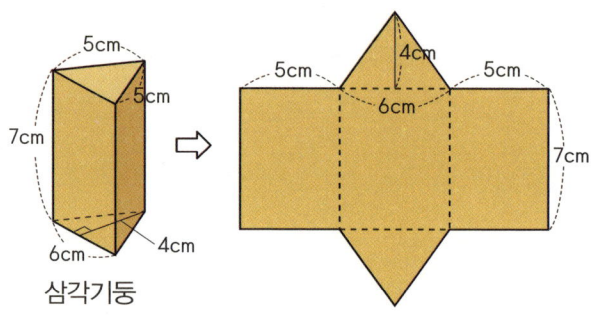

삼각기둥

삼각기둥 겉넓이=밑넓이×2+옆넓이

밑넓이 = 6cm × 4cm ÷ 2 = 12cm²

옆넓이 = 밑면의 둘레 × 높이

    = (5cm + 6cm + 5cm) × 7cm = 112cm²

겉넓이 = 12cm² × 2 + 112cm² = 136cm²

삼각기둥의 부피

 삼각기둥도 당연히 '단위 부피'로 부피를 측정합니다. 하지만 삼각기둥은 단위 부피와 모서리나 꼭짓점이 딱 들어맞지는 않습니다. 어떻게 해결할까요?

 여기까지 공부한 어린이들은 벌써 아이디어가 떠올랐을 거예요. 삼각기둥의 부피를 구할 때는 똑같은 크기의 삼각기둥을 하나 더 덧붙여 사각기둥을 만듭니다. 이 사각기둥의 부피를 구해 반으로 나누면 삼각기둥의 부피가 되지요.

밑면의 밑변이 4cm이고 밑면의 높이가 3cm이며, 높이가 6cm인 삼각기둥의 부피를 구해봅시다.

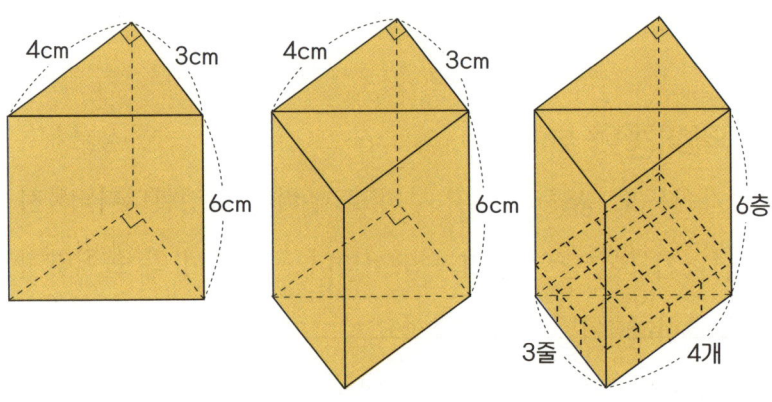

사각기둥 부피를 반으로 나누면 삼각기둥 부피가 되겠죠?

사각기둥 부피 = (4×3)×6 = 72cm^3

삼각기둥 부피 = (4×3)×6÷2 = 36cm^3

이 식을 약간 변형시키면

삼각기둥 부피 = (4×3÷2)×6이 됩니다.

이렇게 해서 아래와 같은 식이 만들어졌습니다.

삼각기둥 부피 = {(밑면 밑변)×(밑면 높이)÷2}×높이

여기서 {(밑면 밑변)×(밑면 높이)÷2}는 삼각기둥의 '밑넓이'와 같습니다. 따라서 삼각기둥 부피 구하는 식을 다음과 같이 쓰기도 합니다.

삼각기둥 부피=밑넓이×높이

6 원기둥의 겉넓이와 부피

수학 6-2 6. 원기둥, 원뿔, 구

원기둥의 겉넓이

원기둥의 겉넓이는 원기둥 겉부분 넓이의 합입니다. 원기둥의 전개도를 그려서 겉부분의 모양을 확인한 다음 겉넓이를 구해야 합니다.

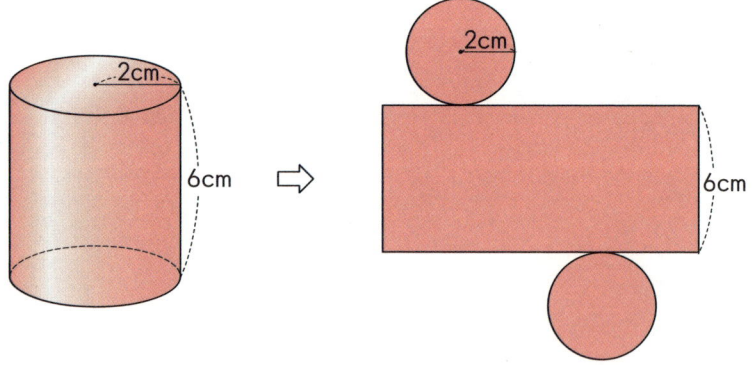

밑면은 반지름이 2cm인 원이고, 옆면은 가로가 밑면인 원의 둘레의 길이이고 세로는 6cm인 직사각형입니다. 밑넓이 2개와 옆넓이를 더하면 전체 겉넓이가 됩니다.

밑넓이 = 반지름×반지름×원주율
       = 2cm×2cm×3.14 = 12.56cm^2
옆넓이 = 밑면의 둘레(지름×원주율)×높이
       = (4cm×3.14)×6cm = 75.36cm^2
겉넓이 = 12.56cm^2×2 + 75.36cm^2 = 100.48cm^2

원기둥의 부피

원기둥도 둥근 모양을 하고 있어 단위 부피와 딱 맞아떨어지지 않습니다. 어떤 해결책이 있을까요?

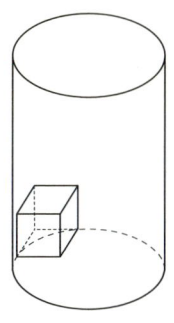

사람들은 원기둥을 직육면체 모양으로 변형시켜 부피를 구하는 방법을 생각해 냈습니다. 이 직육면체에 단위 부피인 1cm³가 몇 개 들어가는지 알아보면 되겠죠?

원기둥을 한없이 잘게 잘라 재구성하면 직육면체 모양에 가까워집니다. 원기둥이 그대로 직육면체 모양으로 바뀌었으므로 직육면체의 부피는 원기둥 부피와 같습니다.

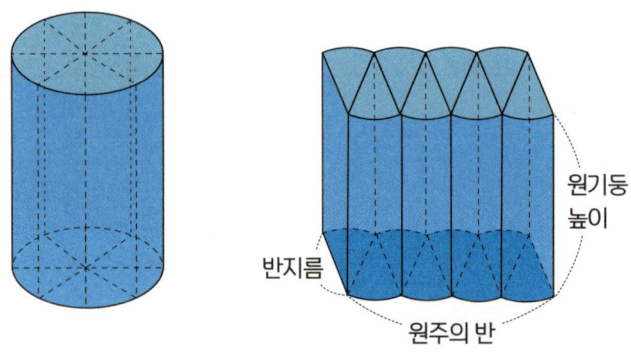

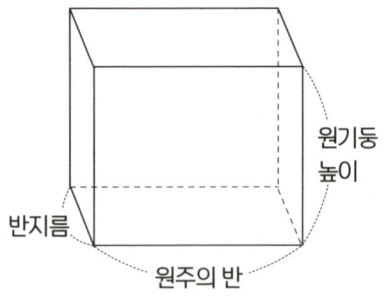

밑면의 반지름이 10cm이고 높이가 25cm인 통조림통의 부피를 구해 봅시다.

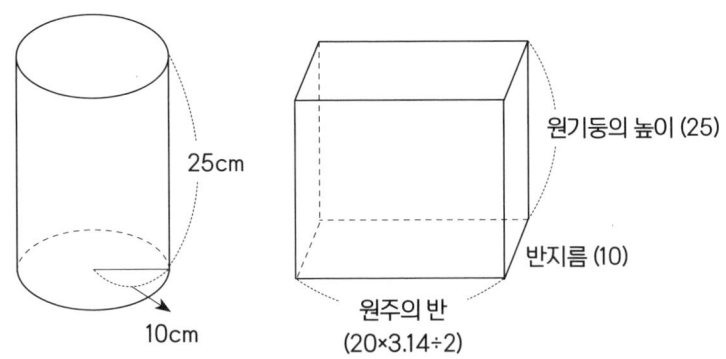

직육면체 밑면 가로 = 원주의 반
= 20 × 3.14 ÷ 2 = 10 × 3.14

직육면체 밑면 세로 = 반지름 = 10

직육면체 높이 = 원기둥 높이 = 25

직육면체 부피 = (가로) × (세로) × (높이)
= (10 × 3.14) × (10) × (25)

원기둥 부피 = 직육면체 부피
= (10 × 3.14) × (10) × (25) = 7850cm^3

곱셈에서는 곱하는 차례를 바꿀 수 있습니다. 따라서 앞의

식을 바꿔서 쓰면 다음과 같습니다.

　원기둥 부피 = (10 × 10 × 3.14) × (25)

　이렇게 해서 아래와 같은 식이 만들어졌습니다.

원기둥 부피 = 밑면 반지름 × 밑면 반지름 × 3.14 × 높이

　(밑면 반지름) × (밑면 반지름) × 3.14는 원기둥의 '밑넓이'와 같으므로 다음과 같은 식을 사용하기도 합니다.

원기둥 부피 = 밑넓이 × 높이

7 각뿔의 겉넓이

수학 6-1 2. 각기둥과 각뿔

각뿔의 겉넓이

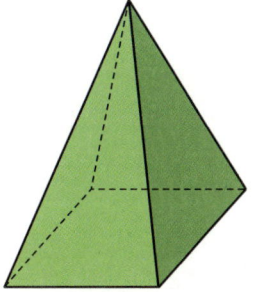

각뿔의 겉부분의 넓이가 겉넓이입니다. 겉넓이는 전개도를 그려서 구합니다.

다음 사각뿔의 겉넓이를 구해 봅니다.

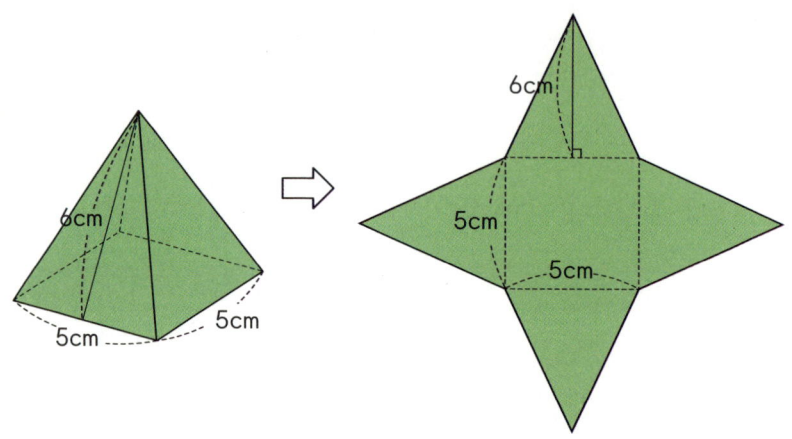

사각뿔의 전개도를 살펴보고 밑면의 넓이와 옆면 4개의 넓이를 더하면 됩니다.

밑면은 가로와 세로가 5cm인 정사각형이고, 옆면은 밑변 5cm, 높이 6cm인 삼각형이 4개입니다. 이 모두를 더하면 사각뿔의 겉넓이가 됩니다.

밑넓이 = 가로 × 세로 = 5cm × 5cm = 25cm^2

옆넓이 = 옆면 1개 넓이 × 옆면 개수

　　　　= (5cm × 6cm ÷ 2) × 4 = 60cm^2

겉넓이 = 25m^2 + 60m^2 = 85m^2

따라서 사각뿔을 포함한 모든 각뿔의 겉넓이를 구하는 식은 다음과 같습니다.

각뿔의 겉넓이=밑넓이+옆넓이(옆면 1개 넓이×옆면 개수)

8장
확률과 통계

사람들은 어떻게 펼쳐질지 모르는 앞날을 매우 불안해했습니다.
그래서 점을 치기도 하고, 기도를 드리기도 했지요.
확률은 앞날을 미리 알아보는 데 유용한 수학 도구입니다.

1 통계

수학 3-2 6. 자료의 정리

아빠가 사과 한 상자를 샀습니다. 아빠 한 사람만 보면 사과를 산 것은 단순한 숫자일 뿐입니다. 하지만 사과를 산 사람이 많아지면 사정은 달라집니다.

사과 구매에 대한 자료가 많이 쌓이면 어떤 규칙성이나 일

이 되어 가는 방향, 나아가는 흐름 따위를 알 수 있습니다.

사과를 산 사람 1만 명의 자료를 모으면 사람들은 어떤 품종의 사과를 좋아하는지, 사과 소비는 언제 이루어지는지, 소비자들은 얼마나 비싼 사과까지 구매하는지와 같은 소비자들의 여러 가지 생각을 알 수 있게 됩니다.

그 규칙성 속에는 사람들의 생활 방식이나 생각, 미래의 행동 가능성 들이 들어 있어 우리에게 많은 정보를 제공해 줍니다.

시장에서 많이 팔린 사과를 품종별로 조사해 보았습니다.

품종	홍금	아리화	산사	홍옥	부사	서광
판매량(상자)	500	1400	900	400	600	200

내가 만약 농부라면 어떤 품종의 사과를 재배해야 시장에 내다 팔기 좋을까요?

아래는 매월 사과 판매량입니다.

월	1	2	3	4	5	6	7	8	9	10	11	12
판매량(상자)	1100	1700	1200	900	800	600	500	300	200	1800	1600	1300

사과를 빨리 판매하고 싶은 농부들은 언제 사과를 시장에 내는 것이 유리할까요?

우리 속담에 "구슬이 서 말이라도 꿰어야 보배"라는 말이 있습니다. 우리 둘레에는 여러 자료가 수없이 많이 흩어져 있습니다. 이 많은 자료가 여기저기 질서 없이 흩어져 있으면 큰 의미를 찾기 어렵습니다. 하지만 자료들을 모아 분야에 맞게 정리하면 가치가 달라집니다.

어떤 자료를 많이 모아 정리하면 그 속에서 분포의 특성이나 흐름의 규칙성을 찾을 수 있습니다. 그리고 그 속에서 어떤 일이 일어날 가능성을 가늠해 볼 수 있어 어떤 일을 결정

할 때 길잡이로 삼을 수 있습니다.

　통계학자들은 숫자를 깊게 살핍니다. 숫자들 속에서 우리가 어떻게 살고 있으며 우리에게 무엇이 필요한지, 어떻게 앞날을 맞이할지에 대한 정보들을 찾아냅니다. 이렇게 밝혀 낸 정보들은 복잡하고 어지러운 현실을 간단하면서도 또렷하게 보여 줍니다. 자료와 통계 속에서 우리 삶의 모습을 읽어 내고 예측할 수 있는 것입니다.

2 표와 그래프

수학4-1 5. 막대그래프

우리 주변에 흩어져 있는 자료들을 모아 정리하면 우리 생활 모습에 대한 의미 있는 결과를 찾아낼 수 있습니다. 그리고 이 정리된 자료를 그림으로 나타내면 한눈에 자료 분포 특징을 찾아낼 수 있어 좋습니다.

아래의 간단한 자료를 정리해 '표'를 만들고 '그래프'로 나타내 봅시다.

(우리 반 어린이들이 좋아하는 과일)

혜영(참외)	철수(포도)	현무(배)	민솔(감)	서연(수박)
형섭(수박)	나래(수박)	시우(사과)	연서(사과)	윤우(배)
지수(사과)	민영(감)	우경(사과)	세미(사과)	소담(포도)

좋아하는 과일별로 표를 만들어 봅시다.

(우리 반 어린이들이 좋아하는 과일)

과일	참외	포도	배	수박	사과	감
사람 수	1	2	2	3	5	2

위 표를 막대그래프로 그려 봅시다.

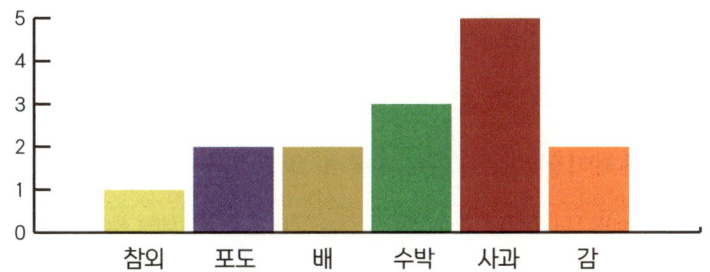

자료를 정리해 표를 만들고 그래프로 그렸습니다. 그래프는 자료 분포를 한눈에 파악할 수 있어서 편리합니다.

우리 반 어린이들이 가장 좋아하는 과일은 무엇인가요?

학급 잔치를 위해 과일을 사 오려고 합니다. 과일을 2종류만 사야 한다면 어떤 과일을 고르는 것이 좋을까요?

3 확률

수학 5-1 6. 평균과 가능성

  자료 속에 담긴 어떤 규칙이나 흐름, 추세를 잘 살펴보면 미래에 어떤 특정한 일이 일어날 가능성을 점쳐 볼 수 있습니다. 어떤 일이 일어날 가능성을 계산한 것을 '확률'이라 합니다.

수학적 확률

  동전을 던지면 나올 수 있는 경우의 수는 앞면 혹은 뒷면 두 가지뿐입니다. 둘 중 하나인 앞면이 나올 가능성은 $\frac{1}{2}$입니다. 평평한 곳에 주사위를 던졌을 때 나올 수 있는 경우의 수는 여섯 가지(1, 2, 3, 4, 5, 6)입니다. 그 가운데 1이 나올 가능성은 얼마일까요? 여섯 가지 중 한 가지이므로 주사위를 던져 1이 나올 확률은 $\frac{1}{6}$입니다.

동전을 던졌을 때 앞면과 뒷면이 나올 가능성은 각각 $\frac{1}{2}$로 같습니다. 게임을 할 때 주사위를 던지는 것도 같은 까닭입니다. 평평한 곳에 동전이나 주사위를 던지면 어떤 한 면이 나올 수 있는 가능성은 모두 같습니다.

이런 경우의 확률을 '수학적 확률'이라 합니다. 초등학교에서는 수학적 확률을 공부합니다.

통계적 확률

일기 예보는 수십 년 동안 모아 온 날씨 자료를 분석해 일정한 규칙이나 흐름을 알아냅니다. 그리고 이를 수학적으로 계산해 확률로 발표합니다.

윷놀이, 압정 던지기, 야구에서 이길 확률이나, 하루 중 비가 올 확률 등은 일어날 가능성이 매번 똑같지는 않습니다. 이런 경우에는 오랜 기간의 자료를 모아 분석하고 계산해 확률을 구합니다. 이처럼 일어날 가능성이 같지 않는 경우, 자료를 많이 모아 확률을 계산하는데 이를 '통계적 확률'이라고 합니다.

4 확률과 통계의 활용

수학 5-2 6. 평균과 가능성

확률과 통계는 우리 생활에 어떻게 쓰이고 있을까요?

다음은 국제 교육성취도 평가협회에서 발표한 수학 성취도 비교 연구 결과입니다.

(수학 성취도 국제 비교 연구)

(초등 4학년, 2019년)

수학			수학		
순위	국가	평균	순위	국가	평균
1	싱가포르	625	7	북아일랜드	566
2	홍콩	602	8	영국	556
3	대한민국	600	9	아일랜드	548
4	대만	599	10	라트비아	546
5	일본	593	11	노르웨이(5학년)	543
6	러시아 연방	567	12	리투아니아	542

※ 성취도 평균 점수는 500

(수학에 대한 태도)

과목		교과에 대한 자신감			교과 학습에 대한 흥미		
		매우 자신있음	자신 있음	자신 없음	매우 좋아함	좋아함	좋아하지 않음
수학	우리 나라	15	49	36	22	38	40
	국제 평균	32	44	23	45	35	20

우리나라 학생들은 수학 점수(성취도)는 높으나 흥미나 자신감은 떨어지는 것으로 나타났습니다.

우리나라 수학 교육 문제 해결을 위해 교육부에서는 어떤 정책을 펼쳐야 할까요?

다음은 연도별 서울 동작구 출생 현황입니다.

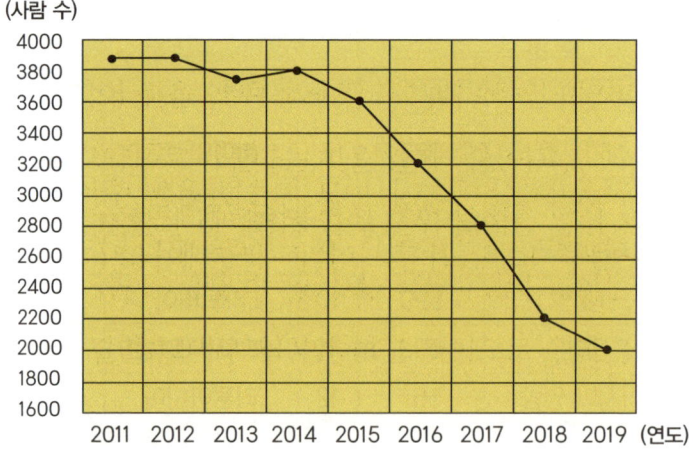

태어나는 사람 수가 줄어드는 문제를 해결하기 위해 앞으로 동작구에서는 어떤 정책을 펼쳐야 할까요?

다음은 2020년 12월 우리나라 코로나 바이러스 확진자 현황을 나타내는 그래프입니다.

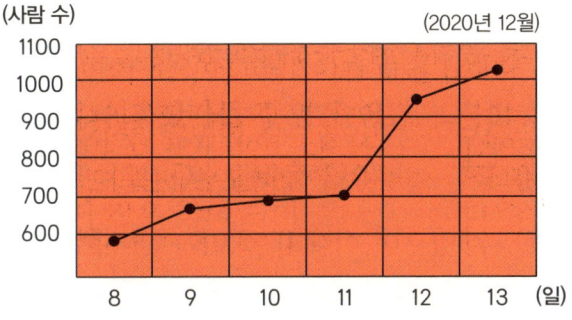

앞으로 확진자 발병 추세는 어떻게 될까요?
이 시점에서 정부에서는 어떤 정책을 세워야 할까요?

확률과 통계는 사람들의 행동 특성을 수학으로 설명할 수 있게 해 줍니다. 나라에서 인구나 주택 공급 정책 들을 세울 때, 스포츠 경기에서 이길 확률을 계산할 때, 새로운 병이 나타날 위험성을 계산하여 가능성을 예측하기도 합니다.
확률과 통계는 사회 여러 분야에서 폭 넓게 쓰입니다.

⑤ 일상을 담은 빅 데이터

수학 3-2 6. 자료의 정리
수학 5-2 6. 평균과 가능성

　우리는 휴대폰과 컴퓨터로 문자를 보내거나 물건을 사고 정보를 찾습니다. 영화표나 기차표를 미리 살 수도 있고 식당을 예약할 수 있으며 여행지 정보도 찾아볼 수 있습니다. 이처럼 사람이 디지털 기기를 쓸 때 생기는 모든 종류의 정보를 빅 데이터라 합니다. 그리고 이 막대한 디지털 정보는 모두 어딘가에 저장되고 있습니다.

　빅 데이터는 데이터 양이 너무 많아서 옛날 방법으로는 수집과 저장, 검색, 분석이 어렵습니다. 컴퓨터와 기술이 발달한 현대에 들어와서야 비로소 빅 데이터를 제대로 처리할 수 있게 되었습니다. 점으로만 모여 있던 정보들을 꿰어서, 개인과 집단의 행동 모습을 미리 읽어 낼 수 있었던 것입니다.

　빅 데이터 안에는 사람들의 모든 생활 모습이 담겨 있습니

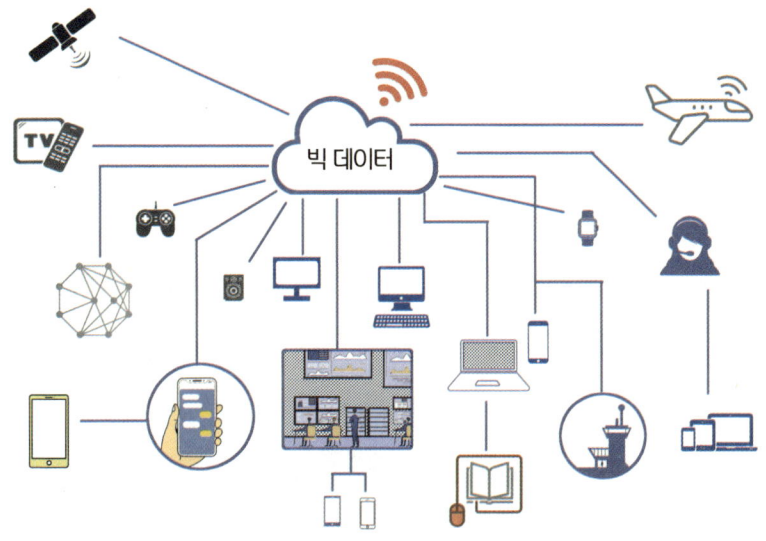

다. 빅 데이터와 이 데이터를 기반으로 사회현상을 분석하면 질병이나 사람들의 생각, 의견, 사물에 관한 관심처럼 사회 생활의 변화에 관한 새로운 시각이나 법칙을 찾아내기가 훨씬 수월합니다.

오늘날과 같은 지식 정보 사회에서는 쓸 만한 자료나 정보를 모아 생활에 이용하는 것이 매우 중요합니다. 빅 데이터를 활용하는 일은 일부 전문가들만 하는 것이 아니라, 읽기 쓰기처럼 누구나 할 수 있는 일이 되었습니다. 그만큼 현대 사회 모든 분야에 깊숙이 스며들었습니다.

> 더 알아보기

통계와 확률의 기원

통계의 시작

　사람들은 언제부터 통계를 써 왔을까요? 아주 오래전 옛날 사람들은 작은 무리를 이루어 여기저기 떠돌며 살았습니다. 그러다 농사를 짓기 시작하면서 한곳에 정착하여 살게 되었고, 나라가 만들어졌습니다. 나라가 만들어지려면 사람이 있어야 합니다. 바로 국민입니다. 국민은 나라의 큰 자원입니다. 국민이 있어야 생산을 할 수 있고, 다른 나라가 쳐들어오는 것도 막아 낼 수 있습니다.

　나라를 운영하려면 세금을 거두어야 합니다. 또 다른 나라에서 쳐들어오는 것을 막으려면 군대가 필요합니다. 인류 4대 문명 발상지에서는 오랜 옛날인 기원전 3천 년경부터 세금을 걷고 전쟁이 났을 때 군대를 꾸리기 위해 인구 조사를 했습니다. 로마 시대 초기에도 5년 주기로 인구를 조사해 군인을 뽑고 세금을 걷는 기초 자료로 삼았습니다.

　우리나라에서도 신라 시대에 인구 조사가 이루어졌음을 알 수 있는 문서가 발견되었습니다. 1933년 일본 동대사 정창원에서 발견된 〈신라장적〉은 통일신라 시대 지방 촌장이 3년마다 중앙정부에 보고한 조사 보고서입니다. 이 보고서에는 신라 시대 서원경(청주) 부근 4개 촌락의 사정이 자세히 기록되어 있습니다. 각 마을의 인구수뿐 아니라 마을 크기, 집의 수, 가축의 수, 논밭 면적, 호두나무 뽕나무 같은 중요 과실수까지 조사하고 심지어는 인구 이동까지 파악해 보고했습니다. 신라에서 광범위한 인적 물적 자원 조사가 이루어졌음을 알 수 있지요.

근대적 의미의 통계 혹은 통계학은 두 나라 사례에서 확인할 수 있습니다. 17세기 독일에서는 나라의 경제 사회 여러 현상을 수량적으로 수집 분석하여 비교하는 '국상학'이 발달

했습니다. 아직 근대적 통계 처리에 이르지는 못했지만 토지나 주민, 지리, 생산물, 역사, 행정 조직 등에 중점을 두고 썼습니다. 효율적인 국가 경영을 위해 국가가 알아야 할 정보를 수집하여 정책에 반영했던 것입니다.

17세기 초 영국은 세계를 호령하였습니다. 이 시절 영국 국내로 전 세계 문화, 문물, 물자가 밀려들어 왔고 그와 함께 전염병이 들어와 많은 인구가 흑사병으로 사망하였습니다. 1603년부터 런던 시청에서는 사망에 관한 통계를 주보로 발표하기 시작하였고 높은 사망률에 시민들은 불안에 떨었습니다.

그런 와중에 상인 그란트는 한 장의 사망표는 별 의미를 담

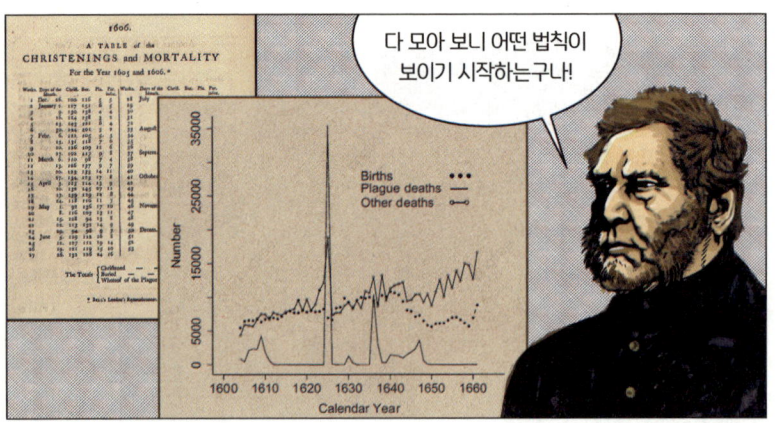

고 있지 않지만, 10만 장의 표를 모아 보면 어떤 법칙성이 있다는 것을 알아냈습니다. 1662년 그란트는 이 같은 사실을 정리해 《사망에 관한 자연적 정치적 관찰》이라는 책을 지어 통계학의 기원이 되었습니다.

확률의 유래

　확률을 떠올리면 흔히들 도박이나 게임을 떠올립니다. 사실 확률은 중세 유럽 귀족 사회 놀이였던 주사위, 카드 등 도박놀이에서 유래했습니다.

　어느 날 갑, 을 두 사람이 각각 1,000원씩을 내고 5전 3승의 게임을 하기로 하였습니다. 3승을 하는 사람이 2,000원을 모두 갖기로 했는데 게임 도중 갑이 2승 1패 한 상황에서 어쩔 수 없이 게임을 중단할 수밖에 없었습니다. 이 상태에서 게임을 마친다고 할 때 판돈 2,000원을 어떻게 나누어 가져야 공평할까요?

1494년 이탈리아 수학자 파치올리가 《Summa de Arithmetica(산술집성)》이라는 책을 지어 득점 문제를 처음 다루었습니다. '득점 문제'란 '두 사람이 주사위 게임 하다 중지했을 때 판돈을 어떻게 나누는 것이 공평한가?'를 계산하는 문제입니다.

그 뒤 17세기 수학자 파스칼과 페르마가 편지를 주고받으

며 '득점 문제'와 '주사위 문제'에 대해 본격적으로 탐구하였습니다.

결국 이들은 도박의 승률을 수학적으로 밝히는 데 성공하였으며 그것이 바로 확률론의 기초가 되었습니다.

이렇게 발전을 시작한 확률은 다양한 사회현상이나 자연현상을 분석해 미래를 예측하는 중요한 수학적 도구가 되었습니다. 확률은 인간 행동 모습을 수학적으로 설명하여 현대사회에 큰 영향을 미치고 있습니다.

세상의 모든 학교 4

초등수학, 개념을 그리자 3 – 도형과 측정 편

2024년 5월 13일 1판 1쇄 펴냄

글 신동영 | **그림** 김한조

편집 김누리, 김성재, 이경희, 임헌, 정다운 편집실(노현주)

디자인 김은미 | **조판** 이정화 | **제작** 심준엽

영업마케팅 김현정, 심규완, 양병희 | **영업관리** 안명선

새사업부 조서연 | **경영지원실** 노명아, 신종호, 차수민

인쇄와 제본 (주)천일문화사

펴낸이 유문숙 | **펴낸 곳** (주)도서출판 보리 | **출판 등록** 1991년 8월 6일 제 9-279호

주소 (10881) 경기도 파주시 직지길 492 | **전화** 031-955-3535 | **전송** 031-950-9501

누리집 www.boribook.com | **전자우편** bori@boribook.com

ⓒ 신동영, 김한조, 2024

이 책의 내용을 쓰고자 할 때는 저작권자와 출판사의 허락을 받아야 합니다.

잘못된 책은 바꾸어 드립니다.

값 16,000원

보리는 나무 한 그루를 베어 낼 가치가 있는지 생각하며 책을 만듭니다.

ISBN 979-11-6314-362-8 74410

ISBN 979-11-6314-287-4 (세트)

제품명 : 도서 제조자명 : (주) 도서출판 보리 주소 : (10881) 경기도 파주시 직지길 492 전화번호 : (031) 955-3535
제조년월 : 2024년 5월 제조국 : 대한민국 사용연령 : 8세 이상 주의사항 : 책의 모서리가 날카로우니 다치지 않게 주의하세요.
KC 마크는 이 제품이 공통안전기준에 적합하였음을 의미합니다.